孤高の料理人

京料理の革命

佐々木 浩
「祇園さゝ木」主人

きずな出版

ほかほかと湯気が立つ名物の鮑

孤高の料理人

京料理の革命

佐々木浩
「祇園さゝ木」主人

きずな出版

ようこそ！　おこしやす

先付として

京都・祇園花見小路の路地奥にある小さな店に、暖簾をかけさせていただいて、はや二十六年になりました。

わたし自身もこの冬には、六十三歳。いい〝オジン〟の仲間入り。

ふり返りますと、最初の店から三軒隣に移転し、さらに二〇〇六年には建仁寺さんの横にある京町家にご縁をいただき、改築して、店を移しました。

そして、二〇二三年の早春から夏にかけて、創業から二十五年、移転して十五年の節目に、リニューアルして、現在に至っております。

ほんとうにありがたいことに、この二十五年間満席をいただき、日々うれしく思とります。

ミシュランガイド京都・大阪では、初めて発行された二〇〇九年から二つ星、二〇二〇年からは三つ星を頂戴しまして、うれしくもあり、いっぽうで重圧も感じながら、複雑な気持ちで日々努力し、格闘しております。

大根は？　魚は？　豚は？

上手に炊くコツは？

一番だしはどういうふうに挽くの？

料理のことなら、いつでも、いくらでも、聞いてください。喜んでお教えします。そのような話でしたら、何時間でもしゃべれますが、「偉そうなこと」や「京料理の起原」について、語れと言われたら、無口になってしまいます。

それでも、辛抱強く、料理とは何か？　おいしさとはどういうことか？

何のために毎朝早くから市場に行き、食材を吟味し、献立を考えて、下拵えをして、食材とお客さんに向き合うのか。

わたしはあまり頭はよい方ではないので、毎日考えていることをできるだけ正直に面白おかしく文章にできたら、とペンを執《と》らせてもらいました。

ほんまにうまいもん、おいしいもんを作るには、食べてもらうにはどうしたらいいのか。なぜ、料理の道に入ったのか。料理人としてここまで歩んできた道には、どんな出来事と経験があったのか。

幸運だったこと、窮地に立たされたこと、誇らしかったこと、悔しかったこと、ツラかったこと、そんなさまざまな想いをエピソードをまじえてお伝えしますわ。

ページをめくるごとに、お腹が鳴って、「うわぁ、おいしそうやな〜」と笑顔になって、「なんや、おもろいなぁ〜」と想像して読んでいただけると、たいへん幸せに存じます。

どうぞよろしゅう、おつきあいくださいね。

「祇園さゝ木」主人

佐々木 浩

◉目次

企画・構成　田村幸子
編集　永井草二
撮影　ハリー中西
DTP　今井明子

孤高の料理人

京料理の革命

入り口には一刀彫の仁王（金剛力士）像。
長崎平和祈念像の彫刻家・北村西望の作品。
弟子たちに力強さを与え邪気を払う。

第一章

うつわと、庖丁と、料理

庖丁しごとは、速さではない

プロの料理人と、料理上手な素人のちがいは、なんだと思いますか。

それは庖丁の手技なのです。

ぼくたち和食の料理人は、柳刃、出刃、薄刃、鱧切りなど、プロ用の庖丁を用途別に何本もそろえます。庖丁は、錦小路にある料理道具の老舗「有次《ありつぐ》」さんとは長いおつきあいを、いまは東山区轆轤《ろくろ》町の「真刀《しんとう》」さんでそろえています。

京料理の世界で、庖丁しごとの腕の見せどころといえば、鱧の骨切りでした。昔話になりますが、鱧の骨切りは「向板《むこういた》」にならないと、任せてもらえませんでした。

ぼくが料理の道に入って、四、五年目のことでした。初めて刃渡り四十センチはある鱧切りを手にすると、手のひらにずっしりと重みがあります。その重みで骨ごと切り、一瞬だけ刃を右に浮かせて、切り目の深さを確かめていきます。角度は三十度ぐらいでしょうか。この骨切りは、細かければ細かいほど、舌に骨があたらない。皮ぎりぎりまで庖丁を入れるから、湯に放ったときに、ぱあああっと真っ白な花が咲くのです。

この鱧の骨切りは、かつて「一寸二十四」と、庖丁名人をたたえる逸話がありました。

いまの寸法に換算すると、一寸は三・〇三センチ。そこに二十四の切り目を均等に入れたというのです。その当時は調理場の仕事でしたが、カウンターでぼくがやってみると、切り目が十八でした。

お客さんの目の前で庖丁を動かすのは慣れていないがゆえに、うんとあがってしまう。見られているという緊張感と失敗できないという複雑な思いが重なったと思います。なかなか庖丁が思うように動いてくれないのを思い出しますよ。

庖丁しごとは、魚を捌くときももちろん大切ですが、じつはお造りのあしらいに薬味を切ったり、煮物の野菜をむくときにも腕が問われます。

ご家庭で台所をまかされて、料理上手といわれるひとがいるとします。家族にも、「おいしい」といわれるし、客人にも「プロみたい」と褒められる。それでも、プロの料理人とは、ちがうのです。

たとえば、人参をせん切りするとします。皮をむき、庖丁でうすくかつらむきにして、せん切りすると、料理人の切った人参は甘くて食感が素人さんとはまったく違う。艶が出ます。

それはなぜか。繊維の向きに逆らわず、野菜に対して無理をしてないから。そして、ちゃんと切れているから。用途によって庖丁の入れ方を変えるのも、プロの手技です。

和食は、お造りあしらいや、薬味を、生でお客さんにだします。この生の野菜こそが、腕の見せどころなのです。西洋料理のサラダ以外で、野菜を生で食べさせるのは、日本の食文化。野菜がきらいというお子さんや、いい年齢の大人もいますが、庖丁の入れ方、切り方ひとつで、克服できるかもしれません。

プロの料理人で、スピードレースのように庖丁の速さをひけらかすひともいますが、速さよりも、丁寧さが大切なのです。

ご家庭では、よく切れる庖丁を用意して、ぬれ布巾で刃先をきれいにしながら、丁寧に切りましょう。いろんな切り方をして、どうすれば甘く感じるか、火が通りやすいか、舌ざわりがちがうか、試してみてください。

庖丁にまつわるこんな話も、あります。

和食の料理人は、庖丁をよく砥いで、大切にしています。後輩や弟子に、「庖丁を譲ってほしい」といわれることがあり、「いいよ」と、気前よくあげていました。ところが、不思議なもので、庖丁を譲った相手とは、縁が切れてしまうのです。それがわかってからは、庖丁は譲らなくなりました。

これまで料理人として、さまざまな方々に、お世話になってきました。ほんの少しでも、恩返しがしたいという想いがいつも頭の片隅にあります。

未来をつくる子どもたちのために、諸先輩方とともに食育にもかかわってきましたが、庖丁しごとの大切さも、伝えていきたいと思います、しっかりと。

焼く、煮る、蒸す、炒める、揚げる

料理の、調理の、極意が知りたいと聞かれることがあります。

これまで、ＮＨＫ「きょうの料理」をはじめ、料理番組に出演して、テレビやテキストで、視聴者のみなさまに、くり返しお伝えしてきました。

うちの若い料理人や、これから料理の道に入る専門学校の生徒たちにも、同じように伝えてきたことを、シェアしたいと思います。


和食の料理の手法には、焼く、煮る、蒸す、炒める、揚げるがあります。

それぞれにこまかなコツや約束ごとはありますが、いちばん大切なのは、理想の焼き色なり、煮あげた姿、蒸しあがったところ、揚げたての音や色を、自分のなかでイメージすることなのです。

いつも、うちの若い料理人には、焼きものについて、「うわあ、おいしそうやな、と思うトーストの焼き色を思い浮かべてみて」と声をかけます。きつね色にこんがり焼け、かじったら表面はかりっとしていて、バターがじゅわっとしみてくる。

それをイメージして、狙いを定めると、上手に焼けます。

煮るときに大事なのは、大根だったら大根の、ブリならブリの、それぞれどうしてほしいのか、食材の声を聴いてあげるのです。聴こえないと思うのは、向き合っていないから。何回も何回も、くり返してください。もうひとつだけ、技術的なことをいうと、煮炊きものをするときは、鍋にぴったりの落し蓋を用意してください。そうして、ひと煮立ちしたら、落し蓋をほんの二、三センチだけずらしてやると、気泡の通り道ができます。そのおかげで、煮くずれしないであんじょう炊けます。ぜひ、お試しください。

蒸しものが上手にできない、〝す〟が入ってしまうときは、ふたを開けるとうまくいきます。料理本や、いまならウェブサイトのレシピを見ながら、料理をつくるひともたくさんいるでしょう。レシピどおりの分量にとらわれすぎないで、ぜひ、自分の理想をイメージして、くり返しつくって五感で憶えてください。

炒めるは、チャーハンを炒めるときと、野菜炒めでは煽り方もちがいます。たとえば、キャベツを炒めるとしましょう。キャベツはシャキシャキした歯ごたえを残しながら、火は通っていないとなりません。強火でがーっと炒めるのか、弱火でじっくり炒めたらいいか。どちらがいいか、考えてみてください。

揚げものは、食材の水分を抜くことで甘みやうまみを誘いだす調理法です。揚げ油の温度の調節がすべて。よく五感で料理しましょうといいますが、揚げものは耳を澄まして、揚がったかどうかを聴き分け、揚げ泡の出方と大きさで判断していきます。いずれの料理法も、理想の焼き色や揚げ色、蒸しあがりの生地の色やなめらかさなど、自分の狙いをイメージできなければ、おいしい料理はつくれへんと思いますよ。

うつわは料理の「装い」

美食家で陶芸や篆刻《てんこく》も手がけた北大路魯山人は、〈うつわは料理の着物〉と、名言を遺しました。

ぼくも同じ思いです。

いまの時代でいうと、着物ではなく、女性の洋服だと解釈しています。

どういうことかというと、たとえば、稀少な骨董のうつわを使う料理屋さんがあります。

美術館のガラスケースに飾られるうつわを、手にとって食事できるのは、とても価値のあることだと思います。

ところが、稀少なうつわ、たとえば魯山人作とか有名作家のものとかで料理を供する店では、どんな季節に訪れても、同じうつわがあたりまえのようにでてきます。

それは高価で、手入れにもお金と手間がかかりますから、仕方のないこと。

でも、お客さんにしたら、いつ行っても同じうつわなら、飽きるでしょう。ぼくはそれでは、お客さんに申し訳ないと考えています。

そういう意味で、ぼくにとってのうつわは、おしゃれな女性が、季節をちょっと先取りしてシフォンのシャツや、カシミアのニットや、カットのきれいなワンピースで装うのと同じだと思います。たとえば、ハイブランドのスーツは、それを着るだけでおしゃれにみえますが、一年中着ることはないでしょう。

ぼくら料理人がうつわに思いを寄せるように、食べ手のお客さんにもうつわを愉しみ、そして愛でてほしいんです。高価な食材ばかり気になるようですが、なぜ、今、このうつわが出てきたのかを、もっと感じてもらいたい。と、同時にうつわの扱い方も、気を遣ってもらいたいと思います。折敷《おしき》の上でうつわを引き摺ったり、お椀を置いたまま片手で食べるひともいます。ぜひ、食べ手も、おしゃれになってもらいたいですね。

うちの店では、暦に合わせた輪島塗のお椀をはじめ、富山のガラス作家、安田泰三さんがつくるガラス皿や鉢、ヴィンテージと現行品を織り交ぜたバカラなど、なじみのうつわ店で出逢うさまざまな作家物のうつわを季節ごとに用意しています。

日本の四季をさらに分けるのが、二十四節気と七十二候です。

京料理の、日本料理の神髄は、お椀にあるとぼくは思っているので、お椀にはお金をかけています。

漆器の名工が集まる能登半島の輪島で、尚古堂さんにお願いして二十四節気のお椀を誂えました。自慢になりますが、ぼくのデザインで。

春なら桜、端午には菖蒲、真夏の花火など、宝物のようなお椀を二十客ずつ。

漆塗りは、一般的には四工程なのですが、輪島塗りは二十工程をかけるそうです。

そして、ことしの元日に、能登半島地震が発生しました。輪島にある工房は、大きな被害を受けました。被災地支援に行きたいと、申し出ましたが、道路も寸断され、まだうかがえていない状況です。そこでぼくなりに考えたことがあります。

尚古堂さんの工房で破損してしまった漆器を買い取り、やがて復興されたら、うつわを塗り直して修理していただこうか、と。

これまでも、これからも長いおつきあいになります。漆塗りのお椀は、祇園さゝ木の大切な装いなのです。誂えて、それでおつきあいが途絶えることはありません。日本のうつわの良さは、手入れして、直して、つぎの時代につなげてゆくこと。魯山人がいう「うつわは料理の着物」と「料理とうつわの素晴らしい関係」を、ともに次の世代に継承していきたいです。

盛り映えするのが、よいうつわ

不思議なもので、つい手にとってしまう、うつわがあります。

それは作家の知名度でもなければ、値段が高いから、という基準でもないのです。

二千円の豆皿もあれば、三万円の鉢もあります。

〈うつわを見て、盛りつけたい料理が何通りも思い浮かぶものを選びなさい〉と、アドバイスされているのを見かけますが、ぼくはちがうと思います。

ぱっと料理が思い浮かぶうつわは、たいがいケバすぎるのです。手のひらでさわると、しっくりくるうつわは、いいうつわです。

ひと言でいうと、「盛り映えする」ということでしょうか。

うつわ単体では、よさがわからなくても、料理を盛りつけたとたん、料理を引きたててくれるのです。

形でいうと、丸が多いので、四角や瓢箪など、さまざまなうつわを探すように心がけています。うつわは料理の服であり、ファッションなので、アクセントになるものが欲しいのです。派手すぎず、地味すぎず。

でも、たまには派手なうつわで勝負して、驚きを愉しんでもらうことも。

うつわを探すのは、いろんな窯元の作家のものを扱う店に行ったり、瀬戸物市で出逢うこともあります。

祇園さゝ木で修業して独立した祇園さゝ木一門会の弟子たちには、〈いいうつわをもっと見てきなさい。お店でももっといいうつわを使いなさい〉と、伝えています。

たとえば、青磁の皿や徳利があるとします。それが本物なのか、まがいものなのか、古いものか、現行品か。ひと目で見極められる審美眼を養ってほしいのです。それはぼく自身の課題でもあります。ぼくは老舗や一流料亭で修業したことがありません。食材を選ぶ目と舌では負けませんが、骨董のうつわについては、知識と教

自動扉が開くと、
和紙作家・堀木えり子さんの作品が出迎える。
お客さまとは「縁を結ぶように」。

養が足りません。

それでも、これは、という骨董に出会ったら、手のひらでふれて、感触を確かめています。それはさわらないと見極められないからなのです。

余談になりますが、うつわをファッションにたとえましたが、ほんとうにおしゃれな女性は、雨の日の足下でわかります。うちの店も、玄関で靴をぬいでいただきますが、雨の日でも、おろしたてのようなパンプスをはいているひとは、おしゃれやな、と思います。

ぼくたちは、お客さんの足下をよくみています。

これはぼくの恥ずかしい話ですが、大阪の料亭に食事に行ったときのことです。料理関係者四人で行って、靴を脱いだときに思い知りました。ぼく以外はみんな、ハイブランドの革靴を履いて、靴のソールもきれいで、よく手入れされていました。ぼくだけ国産のボリュームゾーンの靴で、恥ずかしくなったのです。

翌日、フェラガモのショップに行って、革靴を買いました。あえて、雨の日におろしたのは、ぼくなりのおしゃれ心と、ちいさな意地です（笑）。

第二章

料理はどうしたら、おいしくつくれますか

京料理はうす味なのか

一般的な京料理のイメージは、
〈はんなりとうす味〉
〈まったりとしている〉
〈飾り切りと、あしらいがきれい〉
〈高価なうつわに盛りつけて〉
と、いかにも華奢で繊細な料理と思われています。

さて、京料理はうす味なのか。たとえば、うちの店でだす椀盛りは、昆布と鰹節で丁寧に挽いた一番だし三十人分に対して、うす口醤油は小さじ半分ぐらい。ひとつのお椀なら、一、二滴になります。あとは清酒と塩だけで味を調えていますが、馥郁《ふくいく》とした味わい深いお味になっていると思います。

うす味というよりは、よけいな調味料を足さないで、食材からうまみや甘みを誘いだすのが、京料理の原点なのです。

とはいえ、無味無臭のなすを炊くときは、油であげてから、こっくりと醬油ベースの煮汁で煮含めるので、ただのうす味ではありません。

すき焼きやおでん、うどんの煮汁で、関東と関西の味を比較されますが、これは優劣ではなく、気候風土に伴う、食文化のちがいなのです。

いつもお伝えするように、京料理はだしがなくては成り立ちません。だしで奥行きをだして、ほんの少しの塩とうす口醬油などで味を調える。

けっして調味料をケチったうす味ではありません。

おいしいと感じる最適温と口中調味

西洋の料理で最もおいしさを感じるのは、五五℃前後とされています。しかし、日本人は湯気の加減を瞬時に判断して、熱いものを火傷しないで食べられるのです。ふぅふぅ息を吹きかけて湯気を逃がし、空気を含んで口内で冷ましながら、上手に食べられるのは、ＤＮＡのなせる技なのでしょう。そんな日本人に、汁が五五℃のうどんをだしたら、

「ぬるい、こんなぬるいの作り直せ！」と叱られる。西洋ではスープをスプーンですくって飲むので、五五℃が最適温ですが、うちの店では、椀盛りは九〇℃で出しています。

料理の温度について、忘れられないことがありました。

極寒の冬の夜、八十人ぐらいの集まりでした。三品めのお椀にすっぽんが出てきたのです。

三台のカセットコンロと、三人の料理人がお座敷にやってきて、「今日は蓋をしないでお出しします」と、熱々を注がれました。

そこに恰好や形式を超えた料理への気迫を感じたのです。

「さあ、これ食べて、温まって」というストレートな思いは、料理に命を吹き込みます。

「おいしいね」はあたりまえで、こうしたチカラのある料理は、食べるひとの心をぎゅっとつかみます。

いっぽうで、ひんやりと冷たいものの、最適温はどうでしょう。

いま、うちの店のカウンターの右端には、温度設定が調節できる冷蔵庫があります。

たとえば、春のデザートにだすマンゴー。あの南国の果実ならではの甘酸っぱさ、ねっとりとした食感、あふれる果汁を堪能できるのは、何℃なのか、確かめました。五℃がいいとわかったら、冷蔵庫を五℃に設定して、最適温で味わっていただきます。

日本人にはもうひとつ、口中調味というよその国にはない食文化があります。たとえば、左手にごはん茶碗をもち、ひと口食べて、右手の箸でほうれん草の和えものとたらこを食べる。それを口中で上手に味を合わせて、自分の「おいしい」を整えられるのは、日本人だけだそう。そして、味噌汁を飲む。この味噌汁も経験とともにちょうどいい量を瞬時に察知して、口中でおいしいと思うバランスを判断していくのです。

ごはん、汁物、おかずと、「三角食べ」ができるのも、口中調味ができるから。熱々の汁をふぅふぅして飲み干し、ごはんとおかずを口のなかで出逢わせる。日本の食文化をもっと誇っていいと、ぼくは思います。

おいしいとは、なにか。

ぼくたち料理人の仕事は、食材の大切な命を預かり、食べるひとの命に喜びを手渡すことです。日本人が食事を食べるまえに「いただきます」というのは、〈その命をいただきます〉という意味が込められています。

これまで、数えきれないほどのインタビューをうけてきました。そのたびに、こう答えてきました。

〈食材がすべて〉

〈最高の材料をそろえて、料理するだけ〉

ふり返ってみて、ぼくはほんとうに、大切な命と向き合えてこれたのか、と自分に問いかけました。食材と対話して、どうすれば、預かった命をまっとうさせられるのか、いつも考えてきました。

その答えは、

〈食材をいかに別嬪《べっぴん》さんにするか〉

なのです。盛りつけひとつにしても、別嬪さんに見える角度と高さがあります。

焼きものも、いちばんおいしそうな焼き色をつけて、ふっくらとさせる。

煮物もお造りも煮炊きものも、すべて同じです。

食材の命を預かるためには、市場でさわってみて、口に含んで嚙んでみて、味わってから買います。毎朝市場に行くのは、出回る野菜や魚をみて、季節の移ろいを感じるためでもあります。

たとえば、小松菜。茎と葉っぱをかじってみて、歯ごたえはどうか、味はのっているか、確かめます。そうして買ってきた小松菜は、主役にはしませんが名脇役として、その命をまっとうしてもらいます。

映画も芝居もそうですが、主役は名脇役によって輝くもの。これは料理も同じで、主役の和牛炭火焼きに添える小松菜のしゃきしゃきした食感が、和牛の甘みや歯に食い込むようなしなやかな食感を引きたてるのです。

命ある食材を余すことなく、最高のカタチでお客さんに食べていただくことが、料理人の仕事だと思います。


食材との対話は、よその店に食べに行っても、しています。五万円のフレンチでも、二千円の町中華でも、なにか一つでもいいから、アイディアを持ち帰ります。そうして、翌朝は、キッチンに入って、「ぼくやったら、あのソースはもっと軽めにするな」とか「あれは麺より、ごはんに合うぞ」と、あれこれ試行錯誤して、完成したらすぐにお客さんにだして反応を見ます。

こうしてアイディアをいただいた料理は、数えきれません。あえてひとつだけ紹介するとしたら、ミシェル・ブラスの「ガルグイユ」でしょうか。ブラスのガルグイユを初めて北海道・洞爺湖のホテルで食べたとき、衝撃が走り、天才やと思いました。冷たい野菜と温かい野菜が、こんなにも味がちがって、野菜がこんなにも、立体的に感じるとは、吃驚《びっくり》仰天。一皿に冷菜と温菜を盛りつけたり、アイスクリームは溶けかけが最高においしいなど、温度のマジックを教えてもらいました。

ここまでは、食材の命を預かる話でしたが、こんどはお客さんに手渡す話を続けましょう。

ただ空腹を満たすだけなら、ファストフードでもコンビニ弁当でもなんでもいいでしょう。栄養ならサプリメントを飲めばいいかもしれません。

被災地で住まいを失くし、茫然としているひとたちにお会いしました。彼らに教わったのは、どんな境遇にあっても、ひとは空腹を満たしたら、欲望の質が変わり、こんどはこれが食べたいというまっとうな食欲が湧いてくることでした。そして、おいしいものを食べたら、明日への活力が生まれる。それは、支援する側のぼくたちにとっても、心が晴れやかになることでした。

おいしいを突きつめると、それはいい気が流れて、いい風が流れてゆく。ここに座ったら、「妙に落ちつく」「気持ちがいい」という空間に辿りつきました。

その空間は設えだけでは完成しません。そこで立ち働くスタッフが、いつもいい笑顔でもてなしてくれることが、大切だと思います。

あるとき、険悪なムードをまとって店にやってきたご夫婦がいました。最初は目も合わさず、口もききません。カウンター席ですから、彼らの冷戦の空気は、ほかのひとにも伝わってきます。なんとかきっかけをつかみ、料理を召しあがってもらいました。すると、三品めぐらいから、夫が「これ、うまいな」と声をかけ、妻も「そうやね」と返事するようになり、だんだん表情も和らいできました。デザートを食べ終えるころには、会話も弾むようになりました。おいしいものを食べているうちに、ネガティブな感情はうすらいで、幸せになる。それが人と人をつなぐ、「おいしい」の正体かもしれません。

おいしい料理の原点

高校二年のとき、料理の道に入ることを決めて、卒業後に滋賀県の料理旅館から修業を始めました。下働きをする「追い回し」から、盛りつけの「八寸場」、向板の下につく「脇板」、魚を捌く「向板」、焼きものを担当する「焼き場」、揚げものを担当する「油場」、煮物の「煮方」、お造りをひく「立て板」、親方（料理長もしくは店主）と、三十六歳で独立するまで、一から料理道らしきものを究めてきました。

あれは二十三歳のときでした。京都で初めての店で、いきなり二番手の「煮方」をまかされて、天狗になっていたと思います。

コース料理の合間に、単品の鯛のあら炊きの注文が入りました。煮方の仕事は山のようにあって、とても単品の料理をこなす余裕はありません。厨房の様子をちょっと覗けば、わかるのに、女将さんは何度も何度も「まだですか」と声をかけてきます。

執拗に催促されるうちにとうとうキレてしまい、火にかけていた鯛のあら炊きを鍋ごと投げつけました。

やってしもた。クビを覚悟していたら、そのやりとりを見ていた料理長が、自分で鍋を拾い、炊き直そうとコンロの前に立ちました。そして、穏やかにこういったのです。

「あなたがカゼをひいていようが、仕事に追われようが、お客さんには関係ないことや。お客さんは鯛のあら炊きが食べたいから、注文しはっただけ。でも、あなたがいまの心境で炊いても、ひどい味になってしまう。だから、ぼくが炊くんやで」

この一件で、ぼくは目を開かれました。

だから、

〈どうしたら料理は、おいしくつくれますか?〉

と、問われたら、こう答えます。

〈あなたが心から楽しんで料理してください〉と。

これはプロの料理人もそうですが、ご家庭のキッチンでも同じこと。たいせつな家族のために、喜んでもらいたいな、おいしい！が聴きたいな、と、いう気持ちで料理したら、おいしくなります。これはほんとうのことですよ。

鯛のあら炊きを炊き直すことで、ぼくに料理とは何かを教えてくださった田野料理長は、十七年まえに亡くなりました。もし、いま、生きていて、ミシュラン三つ星をとりましたと、報告したら、どんな顔をして、喜んでくださったことか。

ぼくが料理人として、いちばん成長できたのは、田野さんの下で働いたころでした。

自分ととことん向き合って、野菜や魚の声に耳を澄ます。どうやったら、おいしくなるか、どうやったら、お客さんにもっと喜んでもらえるかを考えるようになりました。

まだ道は半ばですが、カウンター前に一日でも長く立ちつづけたいと願っています。

フルオープンになったキッチンには、京都の愛宕神社でいただいてきた火迺要慎《ひのようじん》のお札をお祀りしてあります。防火、火伏の神社で、毎年片道二時間半かけて登ります。山頂で湯を沸かして食べるカップヌードル。これがめっちゃおいしい！

聖なる炎と清き水。この二つに日々感謝しております。

愛宕神社でいただく
火迺要慎のお札

第三章
だしと塩と水、隠しごとはありません

ブルゴーニュとナパヴァレー

和食の料理人になって、この春で四十五年めになりました。

お酒のなかで、いちばん好きなのは、ブルゴーニュの白ワインです。酸味とコクがしっかりとあって、十年、十五年と寝かせることで、馥郁としたエレガントな香りと味わいになります。

フランスワインに対して、カリフォルニアのナパヴァレーのぶどう畑は、陽当たりがよくて、ぶどうは自分を守るために、皮を厚くして糖度を上げて甘くなるそうです。だから、口当たりのいい芳醇な甘さに感じるのでしょう。

フランスのぶどう畑は高低差があって日照時間が少なくて寒い。だから奥深い甘みが出てくるのです。

それぞれ一長一短ありますが、ぼくは樽の中で熟成して、瓶に詰めてもさらに時を重ねて、エレガントな味わいに変わり、芳醇になるブルゴーニュワインが大好きです。彼の地でぶどうを栽培し、ワインを醸造する醸造家ニコラ・フルーロさんと、妻の久美子さんとは、親戚ぐるみでつきあうほど、ブルゴーニュワインに惚れこんでいます。ぼくが行くと、近くのホテルに泊まって、朝から晩まで地下のカーブですごします。そこでぼくが料理をつくります。息子さんが焼きそばが好きなので、日本から焼きそばの材料を持っていったり、日本酒が好きなニコラのために手みやげに持っていきますね。

ぶどうもそうですが、樹木や植物は自分で移動できないのに、どうして、ほかの土地にタネを運び、新たな芽をだすことができるのか。それは鳥が実を啄《ついば》んで運んだり、種子が風に吹かれたりするからでしょう。鳥の目は、赤いもの以外は見えづらく、木の実や植物の実が赤いのは、そのためだそうです。

料理人として、さまざまな土地の山の幸、海の幸に向きあい、食材の命をお預かりする仕事を長くつづけるうちに、自然界の不思議や、その循環をゆがめてはならないと、意識するようになってきました。そうして与えられた食材を大切にして、次世代にバトンを渡していかなあかんと叫んでいます。

ピンクの塩と、酢の妙

〈塩をする〉
〈塩を打つ〉
〈化粧塩〉

塩と料理との関係は、深くて濃いものです。

ここ十数年で塩への意識が変わりました。ヒマラヤのピンクソルトをはじめ、ゲランドのフルール・ド・セル。ハワイの塩や、大分の塩も、素材のうまみを誘いだしてくれます。

祇園さゝ木に食事にいらっしゃるお客さんのなかには、「これ、おいしいから、試してみて」と、お気に入りの塩をおみやげにもってきてくれる方がいます。

そうして出逢った塩は、すべて試食します。さまざまな料理にも使ってみて、「これぞ！」という塩があったら、さっそく取り寄せるのです。

たとえば、栗ごはん。土鍋で炊くとき、ヒマラヤのピンクソルトで塩をすると、栗の甘みがよりいっそうくっきりとします。

料理によって使い分けるのはもちろんのこと、ブレンドしたり、ちょっと乾煎りしてみたりと、理科の実験みたいに試しては最高に料理がひきたつ相性を探します。

塩をふってすぐに焼くのは、鮎だけです。それは鮎はうろこごと焼くので、塩が身に入っていかないから。

いまから十年ぐらい前のこと、白身魚をお造りにするときも、塩をしてから、食べてもらうようになりました。それはなぜか。新鮮な白身魚でも、あえて塩をしてから寝かせると、ほどよく水気が抜けて、さらにうまみが増すからです。

たとえば、夕方にお客さんにだすお造りなら、朝四時半ごろに市場で〆て、八時半ごろに店に届きます。魚の大きさや、その日の天気を考えて塩梅します。こうして、塩をした白身は、絹のような艶やかな身で、うまみが濃くなるのです。

世界にも、日本国内にも、その土地ならではの塩があります。これからも、いろんな塩に出会いたいと思います。

あるとき、お客さんからこんなアドバイスをいただきました。
「佐々木くん、もっと酢を勉強したらええんちゃうかな」
常連さんで美食家のお客さんからの「宿題」に、あらためて酢について、考えてみました。フレンチには、バルサミコをはじめ、ありとあらゆる酢があって、それを食材や調理法によって、使い分けています。中国料理も酢が必ずといっていいほど使われています。酢は味にエッジを立たせたり、口をさっぱりとさせたり、と気温差のある季節の変わり目に、使いこなしたら、なるほどな、と思いました。

それ以来、うちの店ではレシピはなくなりました。ベースのレシピはありますが、酢の加減は、当日の気温や湿気しだい。肌寒く感じたら酢を減らし、午後から気温が上がって汗ばむなら、酢を効かせる。ぎりぎりまで待って、料理をだす一時間前に酢加減を決めます。酢ほどむずかしいものはないし、酢ほど面白いものはないな、と思うようになりました。

京都の水はやわらかい

日本は豊かな水源に恵まれた国です。

平地が約二五％で、残りの七五％は山間地。この山が水にとっては、いい仕事をしてくれます。梅雨時の雨水を抱いて、これを一年かけて少しずつ出してくれる。そこに春の雪どけ水が加わる。その水が飲めるのは、日本だけ。海外ではありえない。

そのありがたさを日本人は、わかっていないなと、ぼくは思います。

ぼくたち料理人は、そのたいせつな「清き水」を使って、だしを挽き、野菜を炊いたりしています。日本の中でも、京都は「水瓶」とよく言われてきました。町なかでも二十メートルも掘ったら、井戸水が出ると言われるほど。いまでも、古い家には、井戸がありますから。

だから、京都の水はやわらかくておいしい。

これは、ほんとうのことです。だから、昆布や鰹の一番だしが、うまいこと挽けるのです。

東京でお店をやったときや、イベントで地方にいくとき、水のことは気になります。

東京の水では、京都と同じ味にはならないから、いつも使っている水を運びました。


京都の水にまつわる話をひとつ。

京都の食の台所、錦市場は、天皇陛下をもてなすためにつくられた市場なんです。食料が集められて、京都の山から氷の固まりをもってきて天然氷の冷蔵庫をつくったそう。そして、最高の氷を献上したそうです。いまでも六月には、「日室仕立て」というお料理がでてきます。

京都の水で、これはうまいな、と思う湧き水があります。上賀茂神社あたりまで行くと、おいしい水があります。毎日、汲みに行ければいいのですが、間に合いません。足りない分は、九州・鹿児島のミネラルウォーターを併用しています。この水は、京都の湧き水と同じぐらいのやわらかさです。

京都がなぜ、食の都として栄えたのか。ここで育つ野菜がおいしいのか。ひとつは、このやわらかな、おいしい水のおかげだと、ぼくは思います。

だしは、料理の生命線

三十年前ぐらいに一世を風靡した『料理の鉄人』というテレビ番組がありました。いまでは、一緒に旅をしたり、彼が主催する若手の料理コンテストで審査員をするなど、親交が深い放送作家の小山薫堂さんが手がけられたものです。

そのとき、〈命のだし〉という言葉が、使われていて、どこかで記憶されているかもしれませんが、和食、とりわけ京料理の作り手にとっては、昆布と鰹で丁寧に挽いた一番だしは、料理の命なのです。もっといえば、その店の生命線でもあります。

どんなに贅沢な食材を用意したところで、だしがうまなかったら、食べるひとの心に響く料理にはなりません。一番だしはごまかしが一切きかないのです。

そんな大切なものをぼくは、「教えてください」といわれたら、喜んで教えます。日本料理の世界は、一子相伝があたりまえで、自分の弟子にさえ、教えない時代もありました。「そんなん、自分でみて、盗め」と。ぼくはそういう考え方は、「ちっちゃいな」と思うので、いつもオープンです。

そのつもりで、自分の料理哲学を伝える本には、祇園さゝ木の一番だしの材料、挽きかたの、手のうちを書き記すことにしました。

材料は昆布と鰹節、やわらかい水。昆布は晩秋から冬、春先までは重厚感のある羅臼の真昆布を使います。それに対して、初夏から夏、秋口までは利尻昆布を使ってエレガントな味わいにします。鰹節は枕崎産の本枯れの本節と亀節を三対一の割合にして、削りたてをとどけてもらいます。

〝だし仕事〟でいちばん大切なのは、心のゆとり。時間をかけてやることなのです。

「うわあ、めんどくさい」と思われるかもしれません。それでも、だしは手順をきちんと踏むと、何倍も、いや何十倍もおいしくなります。

祇園さゝ木の一番だしは、冬で丸二日、夏で一昼夜、やわらかい水に昆布を漬けることから始まります。冷蔵庫から昆布と漬けた水を鍋に移して、火にかけます。

ここからは温度計を使います。

昆布だしが五五℃になったところで、いったん味を確かめて、ここで昆布のうまみが十分に沁みでていなければ、温度を一定に保ちながらさらに加熱します。

昆布のうまみを確認したら、昆布は引き上げてください。

これには理由があって、昆布はたんぱく質で五五℃以上になったら、旨み成分が凝固してしまうから。昆布を取り出したあとも火にかけて、九二、三℃になったら、鰹節を投入します。

このときも、温度計から目は離しません。二、三℃湯温が上がったら、鰹節を静かに沈めて水を三〇〇ミリリットル加えるのです。こうして、鰹節が少し水面下に下がったところで火からおろして濾すと、煌めくような黄金色の一番だしができあがります。

濾すのは、珈琲を淹れるときに使うネルを使うと、雑味が入りません。そして、大切なのは、搾らないこと。

うちの一番だしの挽き方は、滋賀県東近江の老舗料亭の〝だし仕事〟をぼくなりにアレンジしました。

料理人の味覚や勘も大切ですが、心を揺さぶるようなだしをこしらえるのは、サイエンスでもあるのです。

フランス人シェフが、鰹と昆布のだしを学ぶ

二〇〇四年一月に初めて渡仏したとき、現地の三つ星、二つ星のグランメゾンやレストランを食べ歩きました。そのとき、シェフたちともあいさつを交わしました。やがてフレンチの巨匠アラン・デュカスとも交流ができて、連絡が入るようになりました。

アラン・デュカスとは、銀座一丁目にある「ベージュ　アラン・デュカス東京」で、二回、コラボレーションしました。京都のうちの店にも、食事に訪れることがしばしばつづきました。

そんなおつきあいのなかで、デュカスの本拠地、モナコ公国にある「オテル・ド・パリ」のレストラン「ルイ・キャーンズ」の二十五周年パーティーの招待状が届いたときは、おどろきました。また、デュカスがＮＨＫワールドに出演するとき、

ぼくを指名してくれたときは、ほんまにうれしかったですね。

「祇園さゝ木」の二十周年、二十五周年のパーティーのときは、お祝いに花を贈ってくださり、ありがたかったです。

交流がつづくなか、アラン・デュカスの若いスタッフが、京都にやってきました。一週間ほど滞在して、研修を受けたいと。彼らはキッチンに入ってくるなり、こういったのです。

〈和食のだしのレシピを教えて〉

そんなことはノープロブレム！　なんぼでも教えてあげるで、と、いつものように、一番だしを挽くところを一部始終見てもらいました。

彼らはこう言いました。

〈ミスターササキ、ぼくたちは三時間も四時間もかけてブイヨンやフォンをとる。わずか十五分か二十分で、こんなにおいしいスープができるなんて、これは手抜きじゃないか！〉

わかってないな、と思い、首を振りました。

〈ムッシューたちは、わかってへんな。昆布は海のなかで三〜五年もかけて育ち、干してから使うし、鰹は天日で干してカビをつけては、また干す。それをくり返して、削って使うんやで〉

通訳してもらって、どこまで伝わったか分かりませんが、〈おお、クレージー！〉と、驚愕していました。

そんなやりとりがあってしばらくしたころ、フランスの二つ星、三つ星のレストランでは、ほとんどの店が「昆布だし」を使うようになりました。

その背景として、和食が世界的なブームになっているからでしょう。それはカロリーが低く、ヘルシーだからでしょう。

たとえば、二十代のころは、ファッショナブルでスレンダーな体型でも、年齢を重ねると、脂肪がついてしまいがち。パンとバター、チーズ、ワイン、肉の食事では、よほど気をつけていないと、体型もくずれてしまうと思います。だから、バケツ一杯飲みほしても、ほぼカロリーゼロな和食のだしが、スターシェフたちに選ばれるのでしょう。

折りに詰めるもんは、あらしまへん

京料理のことを、昔のひとはこんなふうにたとえています。

〈折り（箱）に詰めるもんは、あらしまへん〉と。

京料理を繙《ひもと》くと、お造りと揚げもの以外はすべてだし汁を含ませてあるので、折りづめにしたら、汁がこぼれてしまうという意味です。それだけ、だしをだいじにしているということのたとえなのでしょう。

その昔は、婚礼や法事を自宅で行いました。料理はその場で食べてください。持ち帰り用の折詰は別に用意しています。というのが、京都の仕出し屋のしきたりだったのです。

何度もくり返しますが、だしは京料理の、和食の命です。そのだしをベースにして、寒い日には白味噌を隠し味にしたり、蒸し暑い日にはおろし大根を加えて霙《みぞれ》仕立てにしてみたり。凍えそうな夜は、生姜を効かせて葛をひいたりと、工夫します。

お客さんは外からくるのに、ぼくらは室内で仕込みをしていると、外がどんな気温か、湿度か、分からなくなってしまうのです。だから、お客さんを迎える前に、外に出てみて、肌感覚で確かめるように心がけています。

だしでイノベーションをおこす

祇園さゝ木の生命線は一番だしですと、お伝えしました。

それがすべてのベースになるのは、これからもずっと変わりません。

うちの店で、だしにかける原価は、おひとりあたり、六百〜七百円です。食材は豪華でも、基本のだしを適当にしていたら、心に響く料理はつくれないし、お客さんを笑顔にはできません。

歴史を遡ると、日本は長いこと鎖国してきたので、油脂がない料理が基本になっています。それでも、昆布と鰹のだしだけでは、モノトーンでしかないのです。いつも同じでは、食べるひとも、飽きてしまうでしょう。

たとえば、中華の清湯《ちんたん》スープをまとわせたら、どうだろうか。フレンチのコンソメ、ブイヨン・ド・レギューム（野菜のだし）などをかけあわせると、さらにうまみと深みの輪郭が濃くなります。ちなみにフレンチの野菜だしは、一番だしを教えた二つ星の若いシェフから直々に教えてもらいました。

いろんな国のスープをかけあわせると、和食のコース料理のだしがたちまちカラフルに、艶やかになります。これは、大げさかもしれませんが、革新であり、イノベーションだと、ぼくは思っています。

だしを挽いてください

だしはフレンチや中華のスープとはちがって、火の傍に付きっきりでいたり、何時間もかかったりしません。夜のうちに昆布を軟水に漬けておいたら、翌朝、ゆっくり加熱して鰹節を投入して濾しても、時間にしたら二十分もあれば絶品の一番だしが完成します。

フルタイムで働いて、子どもを育てて、料理する時間はない、とお叱りをうけるかもしれません。時短料理が流行り、合わせ調味料と顆粒だしがスタンダードなのかもしれません。それでも、お願いです。

家族の、子どもたちの健康を考えるなら、昆布と鰹節でだしを挽いてみてください。顆粒だしには、天然と謳っていても、添加物が入っています。平日はむずかしくても、週末や、休日には、だしを挽いてほしいな、と思います。

まだ、味蕾が育ちきっていないお子さまにはなおさらです。

鰹と昆布のだし、干し椎茸のだしなど、日本古来のうまみを忘れてほしくないと思います。


ご家庭で上手にだしが挽けたら、ぜひつくってもらいたいのが、親子丼、肉じゃが、切り干し大根、そして茶碗蒸し。顆粒だしでは味わえない、だしの深み、うまみを感じていただけたら、うれしく思います。


かつては、夕飯どきになると、それぞれのお家から、あっちの家からはカレーのにおいがして、こっちの家からは秋刀魚が焼ける煙がたなびいてきて、お向かいからは豚汁のにおいがする。そんな懐かしい情景は、いまはもうありません。

家族の健康のため、子どもや孫へ、さらに次の世代へ。毎日の食事で自然のものを食べたら、血液や血管がきれいになって、きれいな状態でバトンを渡せると思います。

十分だけ、早く起きて、だしを挽いてください。ぼくからのお願いです。

第四章

料理は、聖なる炎と清き水にあります

火のチカラ。サラマンダーのころ

ぼくがまだ親方について修業していた丁稚のころは、焼きものはサラマンダーという焼き台しかありませんでした。それは上火しかないので、いまのように芯まで火をいれるのに、時間がかかりました。

そんなとき、

「いつか独立して、自分で店をやるときは、炭火台を入れよう」

と、ひとつの理想をえがきました。

花見小路の一軒目の店では、炭火を導入するまでの予算はありませんでした。二軒目の店に移転を決めたとき、ようやく炭火台を設えることができました。

焼きものとは、火をあやつること。

若い子たちによく話すのは、

〈きつね色にこんがり焼けたトーストを思い出せ、あれを狙え〉と。

焼き色をつけるとき、自分の頭のなかでイメージしてもらいたいのです。ただ、ぼんやりと火を見つめていても、ダメ。狙いどおりの焼き目をつけ、その焼き色に仕上げることを想像しながら焼くと、どんどん腕は上がっていきます。

焼きものは、コースの中でもクライマックス。祇園さゝ木の主役のひとつです。先付やお造りで舌と胃の準備がととのって、お酒もまわってくるころ。いわば、お酒のあて、酒肴です。そのタイミングで出すものだから、お金をかけないとあかんと思います。

ぼくが焼きもので好きなのは、香りなんです。炭火で焼くと脂が滴って、はぜて、煙とともに薫香が立ち上るのです。中はジューシーで、外はかりっとして、薫香をまとっている。これが焼きものの魅力。

たとえば、脂のない蛸《たこ》はどうするか。太白ごま油をぬって焼くと、蛸の香りが油とともに滴って、薫香がつきます。焼き色も大事やし、脂がはぜる音、立ち上る薫香と、五感で味わってもらうのが、炭火焼きの醍醐味とちゃいますかぁ。

石窯との出会いと、別れ

祇園町から、いまの八坂通に店を移転したのは、二〇〇六年の秋のことでした。当時で築九十年になる古い京町家を百坪の土地ごと買いました。

世間のひとは、貶すことはあっても、褒めたりしません。

「儲けて、えらいさんになりはったね」とか「高なって、料理もまずなったわ」と、好き勝手に囁かれるネガティブな批判をひっくりかえすような話題はないかと、考えあぐねていました。

この古い家と土地を買う契約をしてから、半年近く、毎日毎日、ランチが終わって休憩時間に、祇園町から自転車で八坂通まで通いました。それで、あるとき、閃いたのが、吉田牧場の吉田全作さんが自分で組み立てたピッツァ窯でした。

あのピッツァの石窯をこの店の中心に設置したら、どうだろうと。そう考えると、店の全体像が浮かんできました。

群馬県の石材店で窯にする石を組んでもらって、京都の八坂通まで運んでもらいました。ところが、困ったことに、石窯が大きすぎて京町家には運び込めません。玄関をぶち抜き、瓦を外して屋根に穴を空けて、一・五トンある石窯をクレーンで持ち上げて、ようやく設置できたのです。

石窯が完成し、店のオープンをまえに、これまでお世話になった方々を招いて、石窯で鮑や近江牛などを焼いて食べてもらいました。何よりも、この石窯の威力を思い知ったのは、レタスでした。生野菜サラダにするレタスが、どうなると思いますか?

数秒でとろりとなって、それはそれは抜群に甘いのです。

この石窯のおかげで、祇園さゝ木の新しい店が、

「これを使いたかったから、お店を移転しはったんや」とポジティブに受け入れてもらえたのは、幸運でした。メディアでも「新しい京料理のスタイル」と、話題になりました。

それまで炭火で焼いていた食材が、七五〇℃以上の高温で焼くことで、芯まであっという間に火が入り、外はみずみずしいままなのです。ぼくが尊敬する菊乃井の村田吉弘さんが「佐々木くん、焼きものやのに、フレッシュやね」と、感想を聞かせてくれました。それはいまも、耳に残っています。

ここまで石窯を持ち上げておいて、昨年春から半年かけた店の改装工事で、石窯とお別れしました。それは、ぼくと一緒に働く若い料理人の子たちの将来を考えてのことでした。

やがて、彼らが独立して自分の店をもつとき、石窯を設置することは、おそらくできません。それなのに、焼きものを石窯で調理していたら、仕事が憶えられないでしょう。

もうひとつは、石窯は大きくて、フルオープンのキッチンでは、動線がかぎられてしまうのも、困りごとでした。

三月から始まった改装工事で、いよいよ石窯を撤去する日がやってきました。

「ぼくは取り壊すところ、見たくないから」と、工事責任者に伝えて、撤去にかかる三日間は、現場に顔を出さないことにしました。

二〇〇六年九月から十七年の歳月をふり返ると、泣いてしまいそうになります。石窯はぼくにとって、親友みたいな存在でしたから。

石窯は大きかった。サイズも存在感も。撤去された跡を見ると、こんなにも大きかったのか、と。「ありがとう」と心のなかで伝え、友と別れました。

原点回帰。炭火の一部始終を見せる

料理の原点は、〈聖なる炎〉と〈清き水〉にあると思っています。

炎は、焚き火にしても、暖炉にしても、その揺らぎを見ているだけで、心がほっこりしてきます。野外でフォークダンスを踊るときも、みんなで火を囲むから、集えると思いませんか。炎は同時に躍動感もあります。水も、海辺で泡立つ波を見ても、川の流れを眺めても、清らかな気持ちになります。

炎と水。

こんなにも素晴らしいものを二つ、毎日使わせてもらう仕事に就けて、ほんまに幸せやな、と思っています。

生涯の友、と思っていた石窯とお別れして、再び、原点に戻りました。

いまや、ガスコンロよりも、電磁調理器のキッチンが増えつつあります。防火管理上、ガスコンロは使えない場合もありますが、ぼくはリアルな炎で料理したいのです。

昨年、半年かけて店を改装したときのこと。

原点回帰で、昔ながらの炭火台を設えることにしました。

これまで十六年間石窯にまかせていた「焼きもの」を、炭火に切りかえたのです。

炭は、和歌山の備長炭。火を熾《おこ》すところから、魚や肉、野菜を網や、串にさして炙るところは、煙も立ちますが、何ともいえない香ばしい匂いが立ち上ります。お客さんには、たなびく煙をみて、その香りを嗅ぎ、焼き上がる瞬間を見てもらう。五感で感じてもらうのが、炭火焼きならではの醍醐味ですよ。

たとえば、牛肉を炭火で焼くとしましょう。ただ、火にかざしているだけでは、外側が焦げて、肉汁が逃げてしまいます。だから、焼き手は火の強弱をつけながら、肉を火からおろして休ませては、また火にかざす。それを何回も何回もくり返しながら、一時間、一時間半、二時間と食材によって戦略を変えながら、焼き上げていきます。

お客さんは「え、まだ焼いてるの？」と驚かれますが、休ませて余熱で火を入れてやることで、うまみが閉じ込められるのです。


炭火は料理をお客さんにだして、それで終わりではありません。消し炭という炭壺で赤々と熾った炭火を消すところまでが、ワンシーン。フルオープンのキッチンだからこそ、炭火の一部始終をご覧いただけます。

とある七十代のお客さんは、

「うわぁ、懐かしいな。子どもの時分、炭壺がうちの家にもあったな」

と目を細めて、遠い日の思い出に、また会話が生まれます。炭火の朱色は、自然界の色。煙いけれど、それが食欲をそそります。

炭火をあやつるのは、骨が折れる仕事です。それを若いスタッフたちに肌で感じて憶えてもらいたい。それが親方として、料理人の先輩として、彼らにしてやれることかな、と考えています。

第五章
献立、内緒ばなし

献立は女性の下着、山が二つ

ぼくの料理を、豪快な料理、男ぶりのいい料理と、過分に褒めていただくことがあります。直球勝負のイメージがあるかもしれませんが、それだけでは食べるお客さんを疲れさせてしまうでしょう。

セクシャルなたとえ話になりますが、ぼくが考える理想の献立は、女性の下着に似ているのです。ブラジャーをつけると、二つの山と、谷間ができます。それが献立をデザインするのと、同じだなと気づいたのです。

ブラジャーが献立？　少しエロジジイみたいですが（笑）。

それはどういうことか、説いていきますね。

祇園さゝ木の夜のコースでは、先付から始まって、前菜、椀盛り、お向、煮物、焼きものなど七品の料理。そこに〆のごはんもの、デザート二品をお出ししています。

料理七品すべてに高級食材を使い、ごちそうのオンパレードになると、お客さんも食べ疲れ、「またか」と思うでしょう。それではもったいなくて。

だから、山をつくってあげるのです。

席についたら、先付。季節をほんの少し先取りした食材で、「もうすぐ春やな」「梅雨が明けるな」というふうに。とはいえ、先付は「つかみの一皿」なので、その日の気温によって、予定したものと入れ換えることがあります。たとえば、花冷えの夜。気温が五℃か六℃の日に、冷たい先付では、胃がきゅっと縮こまります。温かいものにして、胃をふっくらさせてやることがどれだけ大事か。

二品めは前菜か八寸をお出しして、じわじわと山をだしかけ、椀盛り、お向、凌ぎの鮨でいったん一つめの山をつけ、箸休めで谷をつける。しかし、その谷がいちばんむずかしく、引きすぎてもダメ、引かなすぎてもダメ。

たとえば、寒い日に鯛かぶらをお出ししたとしましょう。小さなポーションで谷を作るのではなくて、なんともいえない柔らかく炊き上げた蕪、少しだしを張って、針柚子を少々。それをすーっとお出しする。まちがえても、そこに鯛はつけない。お客さまが食べはると、なんとも柔らかく鯛の味が沁みこみ、ホッとする。これなんですよ。

こんどは谷をつけて二番めの山を登ってもらいます。焼肴と鉢物で山をつけて、お食事につないでいく。そしてエピローグのデザート二品と、ほんとうに最後のひと口か、二口の飲み物へと。

こうして緩急をつけることで、「今夜はこれがいちばんおいしかった」と、記憶に残るのです。だらだらとごちそうを並べたら、「おいしかったけど、いったい、なにを食べたかな?」と曖昧になってしまいがち。それは残念なことだとぼくは思います。

そもそも、フレンチやイタリアンには、メインディッシュやセコンドがあって、味の記憶は、一週間、一か月とつづくと思うのです。たとえば、「あの蝦夷鹿のロースト」は、赤ワインが何杯でも飲めるほど、おいしかった」とか「オックステールの煮込みにシビれた」とか「フォアグラの焼きが絶妙でソースが上品だった」など、と。

ところが、和食はどうでしょう。メインディッシュがないので、ひと晩とは言いませんが、三日ぐらいで記憶が、あやふやになってしまうのです。

それは、京料理のコースが、だらだらとつづくからだと思います。

それでは哀しいので、ぼくは三か月たっても、「祇園さゝ木の○○が、忘れられない。おいしかった」といってもらえるように、献立を考えます。

では、祇園さゝ木のメインディッシュはどれですか?

そう聞かれたら、献立のひとつ目の山になる焼きものだと答えます。

京料理の、和食のメインは、椀盛りになりますが、宴もたけなわになるタイミングでもあり、焼きもので勝負しています。

もうひとつ、スペシャリテについても、ぼくの考えがあります。

祇園さゝ木には、スペシャリテはありません。八坂通のいまの店に移転した十七年前から、同じ料理はだしていません。蟹チャーハンなど、かぶることはあっても、先付からデザートまで、すべて更新します。それは、若い料理人に「ああ、この季節になったら、この料理で、この仕事」と、手の内が分かってしまうと、緊張感がなくなってしまうからです。とはいえ、お向に、独立前からだしている鮪中トロのにぎりは、いまも変わりません。かつては、長皿にお造りと一緒に盛りつけていたこともありますが、いまはにぎりたてをその場で、お客さんに手でお渡ししています。

中トロのあと、〝追っかけ〟で初鰹のたたきや、ボタン海老など、その時々の海の幸をにぎります。

「ここにきたら、同じ料理が全然でてこない」といわれるのは、最上の褒め言葉です。

その日の食材はその日だけのもの。同じ空間で食事する顔ぶれも、その日、その時だけ。茶道でいうところの〈一期一会〉です。

毎日の献立は、経木に筆ペンで。ほんの五、六分で書けます。アイディアが浮かぶのは、車を運転しているときか、車を掃除しているときです。

十七年分の献立は、すべて保管してあります。常連のお客さん、二回め、三回めのお客さんに同じ料理をだしては、失礼だと思います。

かつては、お客さんにお腹いっぱいになってもらいたいと、ボリュームがけっこうありましたが、いまはぼくも食べるお客さんも、年齢を重ねて「ボリュームよりも、ほんとうにおいしいものを少しずつ」に変わってきました。

その日に用意した献立の料理を完食してもらうことが、正解ではありません。

「ああ、お腹がはちきれそうや」では、お客さんは気持ちよくない。

「ああ、うまかったぁ」といってもらうには、そのお客さんの適量を瞬時に判断して、ポーションを半分にしたり、お皿を一つスキップしたり、それをいかにさりげなくできるか。それがカウンターの前に立つ醍醐味にほかなりません。

これはお座敷のお客さんでも同じで、サービス係のスタッフには、

「どんなに細かいことでも、お客さんの様子を観察して、知らせて」

と、お願いしています。

「商談の話が盛り上がって、先付が半分残っています」

「みなさん、食べっぷりがいいので、ややスピードアップで」

「右奥の席のお客さん、歯を治療中で食べにくそうです」

こうした情報をもとに、料理をだすテンポや切り方、ポーションを変えています。ときには、商談ばかりで料理をなかなか食べないお客さんには、ぼくが座敷に行って、「仕事のお話ばっかりしないで、料理たべてくださいよ」と、口を挟むこともあります。

それも、阿吽の呼吸で、タイミングと声のかけ方を考え、笑いをとるように努めています。

抜け感のある料理

献立の話にもう少し、おつきあいください。

勝負料理が二つの山だとすると、谷間には、映画や小説の「小品」のような、気がきいているな、という料理を考えます。

たとえば、〝鯛かぶら〟。鯛と蕪を炊きあわせたおばんざいです。これをそのままでは〝遊び〟がないので、あえて鯛は外す。鯛のうまみを纏わせた煮汁ごと蕪を食べてもらいます。これも、女性の下着みたいなもので、わざわざ見えないところにおしゃれする。見えないところだからこそ、気を抜かない。そういうところがほんとうのおしゃれだと思うのです。それは料理も同じです。

この鯛の気配だけがする蕪には、さっとふり柚子をしてだします。そうするとお客さんは、目には見えない鯛を感じとるのです。そこでほっこりして、次の皿への期待が膨らむという流れ。

よくファッションでも、抜け感が大切だといいます。決め決めよりも、ちょっと肩のチカラが抜けた感じが、上級者のおしゃれ。それを料理でも狙いに行こうと思います。

二時間半のハレ舞台

祇園さゝ木では、夜のお食事は夕方六時三十分に一斉スタートして、九時まえには料理をだし終えます。おそらく、うちの店が日本でいちばん初めに同時刻スタートをしたと思います。フレンチのグランメゾンなら、三時間、現地フランスに行けば四時間以上という長丁場になることも、あたりまえです。それでも、考えてみると、人間の緊張感が持続していられるのは、二時間半が限界だと思います。

たとえば、映画も長編で三時間を超えると、眠気が迫ってくるし、ライブコンサートでも、二時間半までのことがほとんど。歌舞伎やクラシックコンサート、オペラなどは、幕の合間に休憩時間があります。そうでなければ、集中力はつづきません。

ぼくたち料理人もまた同じで、早朝から仕入れや仕込みはしますが、夕方から夜の十時、十一時までカウンターに立ちつづけると、集中力も落ちるし、パフォーマンスも下がります。

夕刻に一斉スタートにしたのは、いくつか理由があります。

ひとつめは、たとえばローストビーフを焼くにしても、栗ごはんを炊くにしても、二、三人分を焼いたり、炊いたりしても、おいしくないのです。

十人前の肉の塊を焼いたほうが、味に奥行きがでるし、ごはんもほっくりと炊きあがります。

二つめは、何らかの都合で二十時に入店したお客さんがいたら、閉店時間までに同じ料理をだしてたべてもらうので、どうしても料理と料理の間隔が狭くなって、食べているのに落ちつかないと思うのです。いっぽう、六時半に入店したお客さんはゆったりと寛いでいる。同じお金をいただくのに、これは申し訳ないとジレンマを感じていました。

そこで、思いきって一斉スタートでやってみることにしました。お客さんによっては、神戸や大阪から来店するのに、六時半ではとても間に合わないから、と、次

の予約はされない方がいました。およそ三割の常連客がお見えにならなくなりました。

それでも、一斉スタートにしてパフォーマンスは上がりました。二時間半に集中することで、お客さんの満足度も上がったと思います。

料理をだしているのは二時間十分ほどで、残りの二十分は反芻《はんすう》と見直しの時間になります。今夜の「勝負球」を脳裏に焼きつけてもらうために、お客さん一組ずつにあいさつをして、印象に残った料理や食材について、感想をお聴きします。お客さんはぼくと話をすることで、舌の記憶を呼び戻して、もう一度、「おいしかったな」という記憶を定着させてもらうのです。こうすると、三日後、一週間後、三か月後にも憶えています。それが、うれしいし、ありがたいのです。この二十分の余韻が、大切だと思います。

そのあと、お勘定を済ませたお客さんから、一組ずつ送り出すのも、ぼくと女将の大切なたいせつな仕事です。うちの店は石の階段があるので、それをゆっくりと降りて、八坂通に立ち、今夜のお礼を伝えます。そうして姿が見えなくなるまでお見送り。最初のお客さんから最後の一組を見送るまで、四十分はかかるでしょうか。

外の気温が氷点下であろうと、酷暑で昼間の熱がアスファルトに残っていようが、台風だろうが、雪が降りしきろうが、白衣と足下は足袋と草履だけで。

〈今夜は、心から愉しんでもらえたんやろうか〉

と、それだけを思って立ちつづけ、逆にパワーをもらいます。

第六章

春

春の香を胸いっぱいに吸いこんで

筍はふかふかの土で育つ

京野菜のなかでも筍は特別な存在。毎年四月二十日をピークに前後一週間が旬の盛りになります。ぼくが京都でいちばんおいしいと思うのは、京都市西京区大原野の筍です。西行ゆかりの名刹の近くにある竹林は、ほったらかしの竹藪ではなくて、鬱蒼《うっそう》としていない。よく手入れされた筍畑みたいなもので、手塩にかけて育ててはります。

初めてその竹林を見たときの情景は、いまでも忘れられません。竹がボウリングのピンか、映画で見た兵隊さんの行進みたいにピシッと真っ直ぐ均等に整列していて、ほんまにびっくりしました。

竹林なのに薄暗くない。木漏れ日が注いで、風が通り抜けてゆく。なんて清々しいところやろうと、感動しました。確か三十三日めに、竹を揺すって竹が同じ高さで折れるようにして成長を止めてやるそうです。

筍の季節が終わると、アルバイトを雇って竹林に残った筍をすべて掘りおこすそうです。何十トンもあるそう。七年たった親竹は切ってしまい、十〜十五センチ分の土を取る。ダンプカー二台分の土はすべて手作業で行うのです。そして、十一月には、藁を敷いて、取っておいた土を揉みながらふわっとかぶせておくそう。この手のかけ方は、まさに「手塩に掛ける」の手本みたいで、もう感動しっぱなし。こんなに大切にされたら、筍もうれしいやろうな、と思います。

そして、三月になったら、初掘り。まだ赤ちゃんのようなかわいらしい筍ができます。うちの店では、四月になってから大原野の筍をお出ししています。

筍は灰汁が強いから、米ぬかと一緒に下ゆでしないといけない。そう思う人がほとんどだと思いますが、うちでは灰汁が出る筍は、使いません。地中から一ミリも顔を出していない「白子」と呼ばれる筍で、一・五キロで二万円ほどの値がつきます。どうしても、どうしても灰汁が気になるときは、牛乳で煮ます。米ぬかは下ゆでしたあとに、もう一度ぬかを抜かないといけませんが、牛乳ならうまく灰汁が抜けます。

中央卸売市場や八百屋では「朝掘り筍」がならびますが、それではもう遅いのです。

土のなかから掘り起こしたら、一分一秒でも早く火を入れて、筍の成長を止めないと、えぐみが出てくるのです。竹林のある大原野から、店まではバイクで運びます。生まれたての赤ちゃんを抱っこするように、やさしくそおっと。

筍はごはんにしても、わかめと一緒に若竹煮にしても、春の香をまるごといただけます。ぼくが一番うまいと思うのは、シンプルな炭火焼き。旬のまんなかの生の筍を炭火で焼くと、とうもろこしのように甘くてみずみずしい。木の芽醬油をかけてもいいし、おいしい塩をかけても絶妙です。

あく抜きはいらない、掘りたてほやほやの筍をみなさんにも、味わってもらいたいと思います。これ、なんや、フルーツみたい！　とうもろこしみたいに甘い！と驚きまっせ。

いま、心配なのは、竹林と筍のお世話をしているひとが高齢になって、後継者が見つかるかどうか。

これだけ生命力に満ちた筍は、よそでは見つかりません。来年も、再来年も、その先も、続いてくれるように願わずにはいられませんな。

ふきのとうは春そのもの

雪がとけて、春がやってくるな、というころに、ふきのとうが姿を見せます。ふきのとうはきざんで味噌を加えてぽってりと炒めたり、天ぷらにしたり、味噌汁に入れたりしても、おいしいのです。

昔ながらの料理のよさをふまえて、次の扉をあけるのがぼくの仕事。たとえば、この春先、ふきのとうのアイスクリームをつくりました。どんな味がするのか、想像がつかないでしょう。その、春そのものを食べているような、草原を口の中で味わってもらいたいのです。

つくり方は、ふきのとうを牛乳に漬け込んで、しばらくしたら軽くミキサーで攪拌して、さらに六時間漬け込む。そこに生クリームや砂糖などを加えて味を調えてアイスクリーム・マシーンに入れます。アイスクリームは、空気の保有量がベストな状態でないとおいしくない。だから、毎回つくりたてを出しています。ふわりと草の香りがして、春の気配を感じます。お客さんは、「これ、ふきのとう？」と、戸惑いながら、スプーンですくって口に入れると、たちまち笑顔になりました。雪どけの野山を、春の息吹を感じてもらえたら、と思てます。

ところで、アイスクリームの旬っていつだと思いますか？「そんなの真夏に決まっている」と即答されそうですが、ぼくはちがう意見です。外には雪がふっていて、火のはぜる暖炉の前で食べるアイスクリームが最高に贅沢やと、思います。アイスクリームは、かちんこちんに冷やし固まったものより、ぎりぎり形を保っているぐらいに溶けかかったのが、舌にもなじんでおいしく感じるもの。うちの店では、真冬にチョコレートやバニラビーンズのアイスクリームをだしますが、これも温かいアイスクリームですよ。

春先には、桜の香りをつけたアイスクリームに熱々の銀餡をかけてだしますが、これは口の中で冷たいと熱いがまざりあって、絶妙なマリアージュになります。温度差のあるものが溶けあうのは、面白いニュアンスを感じてもらえると思います。

うどと芹で春らんまん

子どものころは、うどなんかいっぺんもおいしいと思ったことはなかった。芹もなんかクセが強くて、苦手でした。それがいまは、春が待ち遠しくてたまらなくなるほど、うども芹も、大好きになりました。うどはきれいに下ごしらえして酢のものにしたり、玉〆めにしても、抜群においしい。芹も季節の貝と出逢わせたら、どんなにうまいか、いっぺん食べてみてください。

うどの枝は、もったいないから棄てません。きんぴらにしてまかないで食べるとごはんが進みます。うちのおじいちゃんから教わったのが、塩ブリとうどの酢味噌。うどを拍子切りにして水にさらしてから、お造りの〝けん〟代わりに塩ブリと合わせます。酢味噌で和えたうどと、塩ブリはもう抜群においしいのです。

春の野で採れる野菜は、繊維がみっちりつまっています。それはなぜだと思わはりますか。自然界と人間のからだが密接に繋がっている証し。人間は穴熊みたいに冬眠はしませんが、寒くてきびしい冬を越せるように、脂肪を溜め込もうとＤＮＡには、すり込まれているのです。それが食欲の秋。こうして秋冬で食べたものは、消化吸収されて脂肪となります。とくに内臓の襞《ひだ》に残ったものをからだの外に出すのを助けてくれるのが、繊維の多い野菜なのです。自然界のしくみって、よくできたものと感心させられます。

繊維質といえば、筍にもたくさん含まれていて、しゃくしゃくと歯ごたえが軽妙です。筍の季節になると、ちょっと気の毒なのが舞妓さんや芸妓さん。お客さんに料理屋さんへ「ごはん食べ」に連れていかれると、筍料理がでてきます。

毎日のように筍を食べたら、繊維が強すぎて胃腸をこわしたり、にきびや肌荒れに悩まされることもあるそうです。ほどほどに食べて、冬の間に溜まった汚れやよけいな脂分をおとして、気持ちよく初夏を迎え、じめじめした梅雨どきにそなえるように。四季折々の流れに身をゆだねたら、健やかにすごせます。

日本の食暦は、ほんまによくできてると思いますわ。

蛤《はまぐり》のだしに耽溺する

三月三日は桃の節句。女の子が健やかに成長するよう願いを込めて、お祝いします。

店の玄関の上り口の正面には、雛人形を飾ります。京都では旧暦の上巳の日まで飾るのが習わし。四月上旬までになります。

雛人形というと、女親の家が初孫に贈る〝しきたり〟があります。

ぼくには三人の娘がいて、それぞれが嫁ぎ、男の子と女の子の孫に恵まれました。兜飾りと雛人形を一つずつ、全部で六つ買いました。

ぼくが生まれた家は、ほんまに貧乏でした。年の離れたお姉ちゃんがいますが、雛人形なんて見たこともありません。娘たちが生まれたころは、借金があって余裕もなかった。時が流れて、孫の代になって、おかげさまでようやく買えるようにな りました。望めば、最上級の十二段飾りも手が届くので、それを買ってやろうとしたら、「マンション住まいなのに、どこに飾るの?」と、娘にとがめられました。

それでも、顔立ちの美しいお雛さんを京都三条の老舗人形店で買いました。

孫のお食い初めや初節句の料理は、ぼくがつくります。

家族の話なんて聞きたくないという読者もいるかもしれません。それでも、これがぼくなんです。孫が生まれて、おじいになって、お雛さんと兜が買えたことがどんなにうれしかったか。そんな想いもまた、ぼくの料理人人生の一部なんです。

さて、ひなまつりの季節になると、大ぶりの蛤が市場に出回ります。平安時代の貴族の遊びとして、二枚の貝の模様を合わせ、歌を詠む遊びがあったそう。そして、二枚貝が上巳の節句を祝う縁起物になりました。

蛤はお吸いもの、というイメージがありますが、祇園さゝ木では蛤は、煮蛤にします。その理由は、殻付きの蛤をひとつだけお椀に入れてだすことはできません。だからといって、すり身と合わせて真丈にするのは、ぼくはあまり好きではないのです。

それでも、蛤のだしはほかにはないコクがあります。

このだしに芹と生わかめを入れて、さっと火をいれたら、ちいさな海を飲み干したような余韻がつづきます。

春は、産卵期と重なりおいしい魚がとれないので、貝が主役になります。浅蜊、生の鳥貝などは、清楚な香りの春野菜と和えると、いっそう軽やかな春のひと皿になりますわな。

第七章

夏

夏の日差しと西瓜のにおい

〝ほんまもん〟の稚鮎

鮎といえば、香りごと味わう「香魚」。六月初旬から順に解禁日を迎えると、釣り人が成魚を釣り競います。三月下旬から四月にかけて、特別な鮎がうちの店に入ります。華奢な女の薬指ぐらいの大きさで、七、八センチぐらい。石川県の七尾港の河口でとれるんですが、それは苦みがどれだけおいしいことか。茜色に熾した炭火で焼いて、湯気が立つうちに、食べてもらったら、稚鮎ってこんなにうまいもんか、と一生忘れられないぐらいだと、ぼくは思います。

よくある「稚鮎」は、天然ものではなくて、その多くは琵琶湖などで育てられたもの。ぎゅっと旨みがつまっていて、おいしいとは思いますが、いっぺん七尾港でとれるほんまもんの稚鮎を食べたら、鮎への考えが変わると思いますよ。

成魚になって川に遡上した鮎で、ぼくがこれはうまいと、思ってお客さんに出すのは、和良川（岐阜県）のものです。よその川で釣れたのとどこがちがうかというと、それは苔なのです。苦みのなかにコクがあるのです。

いまから十七、八年前に鮎料理専門店「川原町泉屋」店主の泉善七さんと知り合いました。そこで和良川の鮎の炭火焼きを食べたとき、びっくりするほどおいしかったのです。

串のうち方、炭火の加減など、うちの若いスタッフを三日間研修に行かせてもらったのです。四十分かけて焼くので、皮はパリッと身とはらわたはふっくら。そして、骨も柔らかく食してもらえます。

鮎の清冽な香りは、川べりや川底の岩についた苔の匂い。魚は塩をして水気を逃がしてから焼いたり、揚げたりしたほうがおいしいものですが、鮎だけはちがうのです。鮎は、焼く直前に化粧塩をします。それはなぜか、わかりますか？

鮎はほかの魚とはちがって、うろこをはがさない。うろこにも香りがついているので、そのまま焼くからです。

春には、海でとれる〝ほんまもんの稚鮎〟を、ぜひ一度召しあがってください。鮎の深い苦みに、シビれることまちがいなし。

色白の夏蓮根

蓮根《れんこん》には旬が年に二回、あるのをご存知ですか。

初夏の蓮根は色白で、しゃりしゃりした食感がいかにも涼しげです。ぼくは石川県産の蓮根を使いますが、春から初夏の蓮根はでんぷんが少なくて、軽やか。さっと湯がいて酢のものにしたり、あえものにも使います。

夏に『となりのトトロ』に出てくるような大きな葉で栄養を取り込み、たっぷりとでんぷんを含んだ冬の蓮根。下ゆでしたら、ゆで汁が真っ黒になるのは、でんぷんをまとっている証しです。

秋冬の蓮根は、収穫してから半月ほど寝かすと水分が抜けて味が濃くなります。

そんな冬の蓮根を煮ると、ねっとりとして、ほくほくした歯ごたえが、からだの芯から温めてくれます。

栽培する水辺に霜がおりるころ、まるまるとした蓮根が育ちます。すりおろしてもおいしいし、煮物にしてもほっこりとして、おいしい。根菜の煮物は、味を含ませるために、いったん冷蔵庫で寝かしてから、食べる直前に温めると形がくずれないで、箸をいれるとほろりとやわらかくなります。

お客さんに出すときは、ひと晩寝かせたり、二日間かけることもあります。煮物は、流行りの「時短レシピ」では、それなりの味にしかなりません。

手をかけて、寝かせて、休ませて、火加減して。手をかけたら、かけた分だけ、圧倒的においしくなるのが、料理の正体だとぼくは思います。毎日でなくてもかまいません。今日は、「家族に、たいせつなひとに、おいしいもんを食べさせたげよう」という日は、時間を味方につけてほしいですね。

蓮根といえば、冬至の縁起物の野菜のひとつ。京都では冬至を大切にしていて、うちの店では、毎年冬至の日には、ニンジン、レンコン、キンカン、ナンキンなど、「ん」が二つ付くものを煮て、大皿でお出しします。

運は自分で摑むものなので、取り箸を添えて、お客さんにひとりずつ、二つ箸でつまみ、取り皿に入れてもらいます。冬至の日だけの風物詩です。

うすい豆はしわしわでいい

ぼくらが子どものころは、シチューやカレーには、いろどりにグリーンピースがのせてありました。あれ、いらんな、おいしくないですもん。おそらく缶詰や冷凍やったでしょう。あのグリーンピースのせいで、子ども嫌いな野菜の上位になって、肩身の狭い思いをしていたと思います。大阪の羽曳野《はびきの》に碓井《うすい》という地域があって、そこで栽培される「うすいえんどう豆」は、青臭さのなかに、甘みがあって、ほんまにおいしいんです。

このうすいえんどう豆を食べたら、子どものころの「うわ、まずっ」という記憶を「なんておいしいんやろう」と上書きできると思いますよ。

いま、うちの店で使っているのは、守山（滋賀県）産のうすいえんどう豆です。

青臭さもなく、食感が、栗のようにほくほくして甘いのなんの。

このうすいえんどう豆でつくるのは、豆ごはん。見栄えを考えたら、豆だけをゆでて、塩味をつけたごはんが炊きあがったところに混ぜ込んだほうが、緑色があざやかだと思います。でも、それでは、箸で口に運ぶときに、豆だけが逃げてしまうのです。「逃げめし」といって、それは食べにくい。色はくすんでしまいますが、ごはんと一緒に炊きこんだうすいえんどう豆は、ごはんに豆の風味が沁みて一体感があります。

よその料理屋さんは、ゴールデンウィークぐらいまでに豆ごはんは終わりますが、うちは六月初旬ごろまで。

豆ごはんは、しわしわでええんです。でも、じつは採りたてはしわしわにならないんですが。

五月中旬から下旬に莢《さや》付きのうすいえんどう豆をむいて、土鍋で炊く豆ごはんは、走り梅雨の憂いも忘れさせて、ほっこりとおいしいのです。

賀茂なす、長なすは、おばんざいの名残

京都の夏はみなさんが思うよりも、蒸し暑いです。猛暑、酷暑がつづくここ最近は、盆地ならではの灼熱がこたえます。そんなころ、夏の京野菜の代表、賀茂なすがまるく実を太らせます。なすは無味無臭だから、和食はもちろんのこと、中華にもフレンチにも、またスペイン料理やモロッコ料理など、料理のジャンルを超える食材です。

朝どれの賀茂なすは果物のようにみずみずしく、庖丁を入れるとぎしぎしと庖丁が動かないぐらい身が詰まった感じ。ご家庭なら、たっぷりの油で焼いたなすに田楽味噌をのせるおばんざいがおなじみです。

なすと油は、ほんまによく合う。中華の麻婆なすもそうですし、味噌炒めにしてもごはんを何杯でもおかわりしたくなりますよ。

郵便はがき

162-0816

恐れ入ります
切手を
お貼りください

東京都新宿区白銀町１番１３号

きずな出版 編集部 行

フリガナ

お名前　　男性／女性
未婚／既婚

(〒　　-　　)
ご住所

ご職業

年齢　10代　20代　30代　40代　50代　60代　70代〜

E-mail

※きずな出版からのお知らせをご希望の方は是非ご記入ください。

愛読者カード

ご購読ありがとうございます。今後の出版企画の参考とさせていただきますので、アンケートにご協力をお願いいたします（きずな出版サイトでも受付中です）。

[1] ご購入いただいた本のタイトル

[2] この本をどこでお知りになりましたか？
1. 書店の店頭　2. 紹介記事（媒体名：　　　　　　　　）
3. 広告（新聞／雑誌／インターネット：媒体名　　　　　　　　）
4. 友人・知人からの勧め　5.その他（　　　　　　　　）

[3] どちらの書店でお買い求めいただきましたか？

[4] ご購入いただいた動機をお聞かせください。
1. 著者が好きだから　2. タイトルに惹かれたから
3. 装丁がよかったから　4. 興味のある内容だから
5. 友人・知人に勧められたから
6. 広告を見て気になったから
（新聞／雑誌／インターネット：媒体名　　　　　　　　）

[5] 最近、読んでおもしろかった本をお聞かせください。

[6] 今後、読んでみたい本の著者やテーマがあればお聞かせください。

[7] 本書をお読みになったご意見、ご感想をお聞かせください。
（お寄せいただいたご感想は、新聞広告や紹介記事等で使わせていただく場合がございます）

ご協力ありがとうございました。

きずな出版　URL http://www.kizuna-pub.jp　E-mail 39@kizuna-pub.jp

京都のおばんざいには、身欠き鰊《みがにしん》となすを出逢わせた「にしんなす」があります。これは茶色くて、地味な料理なんですが、煮汁ごと冷蔵庫で冷やすうちに、旨みがなすに沁みて、口の中でほわっととろけます。このにしんなすには、千両なすを使います。

ほかにも、京都には三十センチ以上ある、ひょろっと細長いなすもあります。うちの店では、いい賀茂なすが手に入ったときは、油で炒めてから、おいしいだしで炊いてやります。

鰹と昆布のだしが六に対して、濃口醬油が一、みりんが一の割合で用意して、火にかけるのは、わずか三十秒ぐらい。そこに葱や鰹節、大根おろしをかけたら、ほんまにうまいです。なすの実力を思い知ることになります。

あるいは、茶碗蒸しのように「玉〆め」にしても、おいしいですね。

トマトの気配

夏のさかり、太陽を浴びて育つトマトは、青臭さと酸味と甘みがまぜあわさって、うまいものです。いまの子ども、大人でも畑でもぎたてのトマトの味を知る人は少ないと思います。スーパーで売っているトマトは、味が薄くてほんまにおいしくないと、ぼくは思います。いまから十数年前にロンドン郊外の「ファット・ダック」に行ったときのこと。レストランの近くには、実験室のようなラボがありました。そこでトマト果汁を分離させようと試作されていたのです。それを見たぼくは、「そんなん簡単やんか」と、僭越ながら、通訳を通して、申し出たのです。

その答えは、トマトを丸ごとミキサーにかけて、そこに塩を加えます。すると、浸透圧で透明な液と果肉に分離します。透明なトマト液にゼラチンを加えて冷やし固めると、そこにはトマトはないのに、トマトの香りと旨みを感じる。気配を感じてもらえるトマト料理は、お客さんに驚かれて大いに喜ばれましたが、ほかのお店でも出されるようになり、ぼくはやめました。どうしても、酸味がいるな、という日に限って、献立に加えます。

大ぶりのトマトよりも、小さいほうがうんと味が濃いので、いまは和歌山の上村農園から、ふつうサイズとプチトマトの中間ぐらいの大きさのトマトを取り寄せています。

湯むきして冷ましたら、桂花陳酒をかけるだけ。トマトの甘酸っぱさをきわだたせて、上等なフルーツシロップのようで、お客さんにも大好評！

このトマトの旬は初夏で、梅雨前のじめじめした空気を、一掃してくれます。

西瓜の音色と手づかみで苺

ごろんと大きな西瓜を冷やしたら、夏も本番。かつては、西瓜の果汁を搾ってリキュールで味をつけてカクテルにしたり、シャーベットみたいにしていたこともありました。

あるいは、ウエルカムドリンクにしたことがあります。西瓜をミキサーにかけて火にかけて冷まし、上澄みを「西瓜ウォーター」にして、三、四口で飲み干せるショットグラスでお出しししたら、喜んでもらいました。

でも、西瓜は小細工しなくても、そのまんまでおいしいんです。よく熟した食べごろの西瓜を食べやすく切りわけたら、何もしません。

しかし、温度は大切です。昔は井戸水で西瓜を冷やしたものですが、冷たすぎず温かすぎず。井戸水と同じ、一六℃に冷蔵庫を設定して冷やすと、エッジが立ってきます。

「そのままかぶってください」と、すすめたら、お客さんは子どもみたいな笑顔になって、食べてくれます。西瓜のおいしさは、しゃりしゃりした音。あの音がなんとも涼しげで、ひんやりした食感と甘みが追っかけてきます。

西瓜の産地は、熊本のものがぼくは好きです。皮は薄いほうが甘みが強いと思います。

手づかみで食べておいしいフルーツといえば、苺。

つぶしてスープにしたり、杏仁豆腐と合わせたりと、いろいろと工夫してきましたが、摘みたての朝採り苺にかなうものは、ありません。甘みがのって、ほのかな酸味もある苺をまるごと食べてもらいます。

もう、フォークなんていらない。手でつまんで果汁ごと、ちゅるっと吸ってください。

ほんまにおいしいもの食べるときだけは、お作法やお行儀は、いらんなぁと思います。

鮑は海でふかぶかと眠る

古今東西、海のごちそうといえば鮑。えさにするのは、昆布やわかめなどの海藻で、ゴールデンウィークあたりにたらふく食べて、それが身になり肉厚になるのは、六月下旬ごろでしょうか。七月、八月いっぱいが、鮑の食べどきです。

かつては房総半島でとれる鮑が気に入って仕入れていました。それが海の環境が変わってしまったようで、潮の流れも棲息する海藻も変わってきました。そうすると、海で海藻を食べて大きくなる鮑も、影響を受けてあたりまえ。こうして、鮑は北海道で採れる蝦夷鮑と、房州の黒鮑を併用するようになってきました。

鮑をどうやって食べるのがおいしいと思いますか。

お造りにするか、フレンチのようにステーキにするか、あるいはスープにするか……。

ぼくがいちばんうまいと思うのは、七五〇～八〇〇℃の石窯で焼く、焼き鮑です。これは、昨年二月から大がかりな改装工事をするまで、祇園さゝ木の名物でした。この石窯との出会いは、二〇〇四年に遡ります。岡山県吉備高原にある吉田牧場を営む牛師で酪農家の吉田全作さんが、自分でピッツァ用の石窯をつくったと聞き、そのお祝いに三國清三シェフや菊乃井の村田吉弘さんたちと、駆けつけました。そのとき、てみやげに持っていったのが活け鮑でした。

さっそく全作さんの石窯で鮑を焼いてみたら、面白い火の入り方をしたのです。それがきっかけで、いまの店に移転したときに、石窯をキッチンの真ん中に据えました。オープン三日前にお招きした村田さんに石窯で焼いた鮑をたべてもらったところ、

「この石窯は新鮮な焼きもんが焼けるねんなぁ」

と言われたのが、いまも心に残っています。

鮑が結んだ縁は、アラン・デュカスのもとで修業したフレンチシェフにもつながっています。あるとき、彼から鮑のソースに何をベースにしたらいいかと問われて、「鮑は昆布を食べて育つんやから、昆布だしがええと思う」と返しました。

いま、そのシェフが料理長を務める都心のホテルのシグネチャーメニューが鮑のソテーで、昆布だしベースのソースが人気なんだそうです。鮑は海で昆布やわかめをたらふく食べて大きくなるので、相性がよくてあたりまえ。

石窯のない、これからの夏は、鮑をやわらかく煮てから炭火でさっと炙ろうかと考えているところです。

雲丹《うに》は夏の花火のように

海のなかで、昆布を食べて育つ雲丹もまた、六月から晩夏にかけて、旬を迎えます。

産地によって食べごろは変わりますが、献上される丹後の赤雲丹が極みでしょう。ただ、値が張りすぎて、もう買える値段ではありません。幻のような存在です。ほかにうまい雲丹はないかというと、熊本県天草でとれるものが、味が濃厚で身もしっかりしています。雲丹というと、すし屋の軍艦巻きをイメージされるかもしれませんが、雲丹に海苔はいらないとぼくは思います。

とはいえ、雲丹と酢飯は抜群に合うんです。うちの店ではスプーンで雲丹とシャリを一緒に食べてもらいます。口の中は、極上の「卵かけごはん」みたいで、お客さんはびっくりされます。

このとき、なにが大切かというとスプーンなんですよ。材質、持ち手の角度、サイズなど、料理やデザートに合わせて三十種類ほど用意しています。スプーンひとつでこんなにも、料理の味が変わるのか、と気づいたのは、中国料理店のレンゲでした。分厚いレンゲでチャーハンを食べたらぽろぽろこぼれるのに、うすくて唇にフィットするレンゲならこぼれない。それ以来、ぼくは〝スプーンフェチ〟になってしまい、銀のスプーンを誂えるためだけにタイまで渡航したほどです。

雲丹に話を戻しますね。

うちの店では、生雲丹をそのままお造りで出すより、蒸しものにのせたり、先付にすることもあります。それはなぜか。つぶしてウニソースにしてもらうためです。献立に雲丹が入ると、夜空にぱっと花火が上がったように艶やか。口に含むとふわっとほどける。上等な昆布を食べた雲丹は、幻のようでいて、しっかりと舌に記憶を残してくれます。

第八章

秋

秋のごちそう、色づく野山

〝はもまつ〟が秋の大ごちそう

京料理の秋は、松茸で始まります。とはいえ、昨今の松茸相場は青天井。丹波篠山産の松茸は、もう桁がちがいます。国産松茸がめっきり採れなくなったのは、気候変動や山林の手入れが立ちゆかないなど、さまざまな原因があるようです。松の木を伐採し、代わりに杉を大量に植えた、森林の自然なサイクルに逆らった政策のツケが、松茸にも回ってきたのです。

なんとか国産の松茸を仕入れるのは、秋の始まるころに、ようやくほんとうの旬を迎える鱧と松茸を出逢わせるため。〝はもまつ〟と昔のひとがたとえたように、鱧と松茸の相性は抜群やと思います。

京都では鱧は、七月の祇園祭のころに、さっと煮えたぎった湯に落とす「鱧の落とし」や、鱧にタレをつけて焼いて棒ずしにした「鱧ずし」が名物です。確かに、お椀にぱあっと花が咲いたような真っ白な鱧の落としは、上手に塩梅した梅肉をつけて食べたら、いかにも涼しげです。みなさん、鱧は夏が旬と思っていますが、じつは夏の鱧は産卵を終えて痩せてしまっています。

ほんとうの鱧の旬は、秋が深まるころ。かつては韓国の済州島近海でとれるごっつい大きな鱧を仕入れてきましたが、近年では韓国の国内でも鱧料理を食べるようになり、こちらには、なかなか回ってこなくなりました。国内では淡路島も産地ですが、ぼくが好むのは対馬近海のもの。なかなか、これはというサイズの鱧がとれなくなったのが悩みですが、市場に入ってきたら入札します。

鱧と松茸を合わせた土瓶蒸しは、蒸すことで具材の旨味が重なり合って、吸い口からおいしいだしが出てくる素晴らしい料理です。ところが、いまではおなじみになりすぎて、うちでは、進化した鍋仕立ての「はもまつ」を食べていただきます。

土瓶蒸しでは食材を小さく切りますが、鍋ならもっと大きくできます。ダイナミックな「はもまつ」鍋は、贅沢の極み。

とはいえ、正直なところ、松茸も鱧も、あと何年かしたら、手に入らなくなるでしょう。幻になる前に、ぜひ食べてもらいたい、京料理が誇る秋の大ごちそうを。

パリの焼き栗と栗ごはん

これまでフランスには二十回ぐらい、仕事をかねて旅にでかけました。ミシュランの二つ星、三つ星のレストランで食事して、いろんな刺激をうけました。素材の使い方、火の入れ方、ソース、盛りつけ、プレゼンテーションなど、行くたびに感動して、心をふるわせました。

ランチやディナーの合間に街を歩くと、どこからともなく香ばしいにおいが漂ってくるのです。え、天津甘栗？　そう思ってふり返ると、焼き栗の屋台でした。フランス語では「マロン・ショー」といって、直訳すると「熱い栗」。これ、小粒の栗ですが、ほくほくして甘みが強くて、おいしいのです。一袋六ユーロか七ユーロでした。パリに行くたびに、このマロン・ショーを買って、歩きながら食べました。京都に帰ってからも、このマロン・ショーがどうしても食べたくなって、無理をいってパリ在住の知人に空輸してもらったこともありました。

栗は昔から大好きで、デザートにモンブランがあったら必ず食べるぐらいです。パリにモンブラン発祥の店があって、行ってみました。ところがやたらデカいだけでおいしくない。時が止まったような味にがっかりしましたが、「あ、これはみんな昔に戻りたいんやな」と気づきました。

国産の栗の最高峰は、丹波篠山産。大ぶりで甘みもしっかりのっていますが、虫が喰っているものが十粒のうち二、三粒あって、廃棄率も考えると、高価な食材になってきました。十月に新栗が入荷したら、待っていましたとばかりにつくるのが、栗ごはんです。

主役は、殻をむき、渋皮をきれいにむいた栗。米ともち米を六対四の割合にして、味つけは塩だけ。この塩は、アンデスの塩がよく合います。差し昆布をして土鍋で炊きます。よけいな調味料はいらないほど、ほくほくと甘い。なんておいしいんだろうと、感動しました。栗ごはんは、つぎの百年にも、伝えていきたい日本の料理だとぼくは思います。しかし、栗仕事は、ほんまに手間ですな。

オレンジ色の海の宝石、いくらをたっぷりと

いくらは鮭の魚卵。筋子から卵巣膜をはがして、酒と醤油、みりんなどに漬けこんだもの。

残暑がひと段落したころ、筋子が市場にも出回ります。そこから、いくらを漬けても、ほんまにおいしいな、と思ういくらにはなりません。

というのも、魚卵を腹に抱えた鮭は、海から川の上流に向けて遡上していきますが、時間が経てばたつほど、いくらの皮膜が硬く締まってしまうのです。たとえは悪いですが、ゴムのような食感やピンポン玉みたいになったら、いくらとしては死んでいるし、おいしさは台無し。だから、ぼくは湾に入る前にとれる鮭の魚卵を買いつけます。

海水温が上がるとともに、海の歳時記も少しずつ前倒しになってきました。いま

は8月半ば、お盆がすぎたころになるでしょうか。

祇園さゝ木の暖簾をあげてから、台風や低気圧で海が時化たときにでも、お客さんには納得のいく魚を出そうと思って、中央市場にあるマイナス五〇℃の冷凍室を借りて、ストックしていました。鮪については、あとで書こうと思いますが、〝鮪貯金〟はやめて、生の鮪を扱うようになりました。

しかし、いくらは例外です。おせちにも使うし、冷凍しても風味は落ちないし、これ、という勝負球が足りない日には、これでもかといくらを白いごはんに敷きつめて出すと、お客さんは「わぁ」と顔をほころばせて、歓声をあげます。家中、孫も子どもも祇園さゝ木のいくらが大好きで、毎年一番漬けは、家に持って帰ります。

まだ夏の名残の京都のキッチンで、鮭の腹子（筋子）をきれいに掃除して漬け込む。海でとれる鮭のいくらは、口に含むと皮がうすくて、舌に残らないのです。

うちのいくらごはんは、これでもか、とごはんが見えないぐらいたっぷりと贅沢にのせます。まるでオレンジ色の絨毯のように。お客さんには「海の宝石」と、伝えています。

新米の底力

つやつや、ぴかぴかの新米は、水気が多いから、水を少なめに炊きましょう。そんなふうにアドバイスされたことがあると思います。それはまちがっていませんが、ぼくは新米が届いて三週間は、あえてふだんの水加減で炊きます。炊きたてはべちゃっとしますが、口にほおばると、その甘いこと、おいしいことといったら。一年に一回しか食べられないべちゃめしです。それを食べられるのは、いましかない。

新米は炊き込みご飯にはしません。あえて素顔のまま。なぜかって、それだけおいしいからです。べちゃっとしたごはんが苦手というひともいますが、カゼをひいて体調がすぐれないときに食べる白粥は、ほんのりと甘くておいしいでしょう？　それと同じ。

白いごはんに合わせるのは、だし巻き卵、たらこ、牛蒡のきんぴらなど四、五品。長皿に少しずつ盛りつけて、新米と一緒にだすと、

「旅館の朝ごはんみたいやな」

とお客さんにいわれますが、それがいいんですよ。


うちの店で扱う米は、ぼくが住んでいる滋賀県蒲生郡日野町でツレが自家用に栽培しているものです。品種はキヌヒカリ。粒は大きめで土鍋で炊いてもすし飯にしてもおいしい。

どこのブランド米にも負けてないと思います。

このツレが栽培する米は、三週間かけて天日で干してから、うちの店にとどきます。

竹で組んだところに束にした稲穂を逆さに吊るして約一週間干し、脱穀した米を筵《むしろ》のうえに並べて二週間干します。一日に三回は均等になるように天地を返し、夕方になったら夜露がかからないように取り入れ、朝になったら並べる。こうして手塩にかけるので、よそよりも少し遅くなりますが、待つ甲斐があります。

ぼくが新米と一緒に食べたいのは、鮪の漬け。

シンプルな海苔の佃煮もうまいなぁ、と思います。一年のうちにわずか三週間だけ。新米の底力をしみじみと感じます。お天道さんとツレに感謝して、いただきます。

秋刀魚と炭火

ここ三年ぐらい、ほんまに凄いな、これはええな、という秋刀魚に出逢えていません。

というのは、秋刀魚はしばらく不漁がつづき、庶民の味方ではなくなってきました。

八月下旬の初値が三千円から四千円もする秋刀魚を、いまや外道魚の扱いは、できなくなりました。

昨年の秋に、身がよく肥えて大きな秋刀魚が買えたのは、わずか四回。秋刀魚が大好きなぼくとしては、なんとかよい秋刀魚を仕入れたいと、手を尽くしました。

長袖のシャツを着て、上着を羽織る季節になると、秋刀魚が恋しくなります。

うちの店では、秋刀魚を熾した炭火で焼いて、骨を丁寧に外して、炊きたてのご飯にたっぷりの大根おろし、すだちをきゅっと搾って、さっくりあえた秋刀魚ごはんは、秋そのものだと思います。

この秋刀魚ごはんは家庭でもつくっていただけます。秋刀魚ごはんがさっぱりした味なら、パンチがあるのは秋刀魚チャーハン。こちらもお客さんに好評です。

天然の魚の漁獲量は三割、四割減とささやかれています。気候変動、海の水温上昇など、海の問題は深刻で、待ったなしの状態です。

日本はリアス式海岸が多く、海藻が豊富な海でした。だから、魚が産卵にやってくるので、魚が豊富にとれたのです。しかし、いま、昆布やわかめが減ってしまい、魚たちも離れて行ってしまいました。

「そんなこと、わたしには関係ない」と自分ごとにできない大人がたくさんいるかと思います。秋の台所の風物詩、秋刀魚をみて、

「これはあかん、大変なことが起きている」

と、うっすらでも思ったら、ペットボトルを棄てないとか、エアコンの設定温度

を気をつけるなど、できることをやっていけたらと、思います。秋刀魚の話が、ややこしい話になってしまってすんまへん。ぼくら料理人も、真剣に向き合っていかないといけないと心に留めています。一般の方々にも、海の危機を知ってもらえるように、講演会なども企画しているところです。

さて、ことしの秋は秋刀魚はどうなるか。まるまると太って、脂がのった秋刀魚に出会いたいな、と切に願っております。

川を下る秋鰻

鰻の旬はいつかご存知ですか。

土用の丑の日に鰻を食べるのが、年中行事になっていますが、じつは鰻がいちばんおいしいのは、秋。それも秋が深まるころです。

それはなぜか。天然の鰻は、春から夏にかけて川を遡上します。これが上り鰻といいますが、上流に向かって泳ぐと、ごつごつした岩や石、川底に皮がこすれて、どんどん分厚くなります。たとえはよくないですが、ゴムホースのような皮になり、食べてもおいしく感じないでしょう。ひるがえって、秋の鰻は上流から下流へと川を下ります。下りは川の流れに身をまかせて、するすると泳げるので皮もごつくならない。身はふっくらとして、皮はやわらかくて薄い。だから、秋鰻がおいしいのです。

いまでこそ、夏土用の丑には、鰻がなくてはならない養生食ですが、江戸時代には夏の暑い日には、

〈黒くて長いものを食べると、夏を越せる〉と、言い伝えがありました。

庶民は黒くて長いかりんとうを食べて、上様たちは鰻を食べるようになったと聞きます。とはいえ、当時は鰻を割いたり、串打ちして焼く技術もなく、筒状にぶつ切りした鰻を串刺しにして焼いたとか。その姿が、夏草の蒲《がま》に似ていることから、「蒲焼《がまや》き」と呼ばれるようになり、蒲焼《かばや》きと呼ばれるようになったそうです。

鰻には、駆けだしのころの、想い出があります。

高校を卒業して初めて修業させてもらったのが、「臨湖庵」という料理旅館でした。ぼくたち見習いは八畳一間に六人が雑魚寝。それでも、まったくツラいとかしんどいとか思わなかったのは、なんとかして、親方に認めてもらおう、誰よりもうまいもんがつくれる料理人になろうと、まえしかむいていなかったから。

同期で入店した子と、目覚まし時計をかけておいて、夜明け前に起きました。大

根をむいてお造りに添える〝けん〟を用意するふりをしながら、こっそり鰻を捌く練習をしていたのです。まだ、新入りで下働きの身。〝自主練〟で開いた鰻の山は、たれをつけて焼いて、鰻ごはんにして腹におさめました。証拠を隠滅するために。

そして、きれいに開くことができた鰻だけ、親方の目に留まるようにさりげなく置いておき、

「これ、誰が捌いたんや？」

と聞かれたら、「それ、ぼくです」と名乗りました。


さて、時間を戻して、天然もんの秋鰻が手に入ったときは、〆のごはんに鰻のまむしを出すことがあります。

京料理の割烹で鰻？　じつは祇園さゝ木の名物のひとつなのです。

〈鰻のたれは、甘めで濃いめ。焼きはしっかり〉と、子どものころから、料理人だった祖父から聞かされていました。おじいちゃんの教えは守っています。つぎ足し、つぎ足して二十五年になります。それがお客さんに大好評で、昨年の暮れの建仁寺の大茶会でも、鰻のまむし丼を用意したところ、喜んでいただけました。

東京のとある鰻の老舗では、土用の丑の日は休業されるそうですが、真夏よりも、脂がぐんとのって薄皮の秋冬の天然鰻を一度、食べてほしいです。

西の鯖は酢で〆、東の鯖は煮る

秋刀魚とならんで、鯖も秋が旬と思われていますが、脂がしっかりとのってくるのは、十二月末から一月にかけてになります。

ぼくが丁稚時代の親方は、魚のことをほんとうによくご存じでした。小噺か標語みたいに、

〈西の鯖は酢で〆て、東の鯖は煮炊きに〉

いつも、そうくり返していました。つまり、関西、九州、瀬戸内など、西日本でとれる鯖は、塩を打ってから酢に漬けて〆たらおいしいというのです。東でとれる鯖は、脂が強いから酢で〆てもおいしくないが、煮物にしたらうまいんや、と。脂の質がちがうんですよ。

自分が煮方になり、店を任されるようになって、親方の鯖語録が、正しいことを

知りました。関西人は、しめ鯖を「きずし」と呼んで、〆た鯖を好みます。関東人は鯖の味噌煮を好まれるひとが多いようです。

冬になって脂がのった鯖を使いますが、対馬あたりか、韓国の済州島近海でとれる鯖がぼくはうまいと思います。酢で〆た鯖は、酸味がうまみを上手に誘いだして、鯖の味が濃く長く余韻がつづきます。

酢〆した鯖を棒すしにするのも、祇園さゝ木を始めたときからおなじみです。冷凍しておいて、「もう少しなにか食べたい」と思うお客さんに追加でお出しすることもあります。

京都のひとは、鯖ずしが好きで、喜んでもらえます。

昨夏、リニューアルオープンしたときに、ガレージだったスペースに、特製じゃこ山椒や焼き菓子、黄身酢などを販売する直営ショップをつくりました。いい鯖が入荷したときは、棒ずしにして、ショップで限定販売することもあります。

さつま芋は午睡して甘くなる

芋、栗、南瓜は、女のひとが好むと、昔からいわれてきましたが、旬を迎えた根菜は、男も女も等しくおいしさを感じていただけると思います。

たとえば、さつま芋。九月に収穫したら、二か月ほど乾燥させるのです。若くてぴちぴちしたお嬢さんよりも、年齢を重ねて熟した大人の女性のイメージでしょうか。乾かして寝かせてやると、さつま芋は甘く芳醇になるのです。砂糖はいらないぐらいに。

さつま芋と同じように、秋冬の蓮根も、南瓜も、でんぷん質の多い根菜は寝かして、水分を自然に抜いてやると、風味がぐんとまして、火を入れるとほっくりとおいしくなります。

また、さつま芋や蓮根、南瓜は、油との相性が抜群にいいのです。串カツ屋さんに行ったら、根菜の串揚げが食べたくなるでしょう。あれはそういうことです。

掘りたてのさつま芋を二か月ほど寝かせて水気をきると、どんな料理をつくるのか。天ぷらにしてもおいしいし、土鍋で炊くさつま芋ごはんも、栗とはまたちがって、しなやかな甘みとほくほく感が味わえます。

衣被《きぬかつぎ》の記憶

ぼくがまだかけだしのころ、厨房で来る日も来る日も、鍋を洗い、野菜をむきました。

里芋は、初夏のころには日本手ぬぐいでひとつずつ薄い皮をこそげ落としたものです。皮と身の間のぬめりごと落とすように、と、細かい仕事でした。皮を半分だけ残して蒸したり、焼いたりするのを、衣被といいます。これは、色白のご婦人が、日よけに顔に布をかけた姿に似ていると、そう名づけられたそうです。中秋の名月のお供えにも使われる衣被は、石川芋の早生が使われます。

季節が巡って夏を越したら、里芋が大きくなり皮も厚くなります。それを六方にむくのですが、皮のむき方ひとつでも、巡りゆく季節を実感できます。

いま、うちの店では、里芋を使うことは少なくなりました。おせちの煮しめを炊くときは、六方にむきます。日本手ぬぐいの出番は、いまはなくなりました。

しかし、夏の冷やした衣被を、はらい柚子でいただくのは、ほんまにやめられへんな。

第九章

冬

冬の底冷えが、おいしさを連れてくる

素顔の〝香箱〟と〝津居山かに〟に耽溺する

ズワイガニの雌を北陸では「香箱」と呼びます。濃厚な甘みの身をゆで、ぷちぷちした外子とオレンジ色の内子、蟹味噌が一緒に食べられるので、香箱を楽しみにしている食通のひとがたくさんいます。

香箱を料理店でだすとき、甲羅に身と内子をきれいに詰め直します。以前はぼくもやっていましたが、やめたのは、甲羅に詰める手間をかけているうちに、カニのみずみずしさがなくなってしまうと気づいたから。

あるとき、残った甲羅に身を詰めた香箱を自宅に持って帰りました。そうしたら、身はぱさぱさで、ちっとも香りがない。これでは、せっかくのおいしい香箱ガニがもったいないと、残念に思いました。

おいしいものをつくるための手間は惜しみませんが、見映えをよくするための手間はかけたくない。そんなことをしても、ちっともうまくないからです。香箱ガニが入荷したら、素顔のままで味わってもらいます。

〈カニを食べると、ひとは無口になる〉

それはそうでしょう。身をほぐして、すすって、食べてをくり返していたら、無心になって、会話している閑がありませんから。

日本海に棲息するズワイガニが産地によって、松葉ガニになったり、幻といわれる間人《たいざ》ガニになったりしますが、祇園さゝ木が仕入れているのは、兵庫県の名湯、城崎温泉の近くにある、津居山港であがるものです。タグには「津居山かに」と記されていて、ズワイガニのブランドになります。

石窯があったころは、七五〇℃の超高温で加熱するから、遠赤効果で芯まで火が入っているのに、身はしっとりとして、最高の焼きかげんでした。

炭火で焼きガニを中心に、鍋仕立て、玉〆め、チャーハンと、津居山かにを主役に、献立を考えようと思います。しかし、昔のカニはいなくなりましたわ、残念。

寒ブリと、冬の夜空に響く雷

冬の夜空に雷鳴が響くころ、富山や金沢では、寒ブリがとれます。氷見の寒ブリを筆頭に、いよいよ魚がうまくなる季節がやってきます。

寒ブリはお造りにしても抜群においしいし、冬大根と煮ても、心に沁みる味わいになるでしょう。ほんとうは、生で食べてもらいたいのですが、近年はやっかいなアニサキスの問題があります。うちの店は、フルオープンキッチンで、魚をさばくところも見えますから、使いづらくなってきました。

霜があたって甘みが増す冬大根と、寒ブリを出逢わせて、ブリ大根をお出しすることもあります。祇園さゝ木のブリ大根は、大根とブリのあらで炊きます。その間にブリの身は寝かせて熟成させます。そして、お出しする日にブリを炊きすぎずさっと炊き上げ、二日間ほど寝かしておいた大根を初めて合わせて、熱々をお出しします。供すれば、鍋仕立てでお出しすることもしばしばあります。

家庭料理を「ケ」の料理というひともいますが、ぼくは料理人がつくるのは、すべて「ハレ」であってほしいと思います。


ここ最近、北海道の海でブリが豊漁だと聞いて、びっくりしました。日本海でとれるブリとは経路が違うようですが。

ブリといえば、おじいちゃんが焼いたブリの照り焼きが忘れられません。熱々の白ごはんと一緒に食べたら、それは最高でした。

淀大根と篠大根、大根の声を聴く

京都の冬は、雪は降らないのに底冷えします。日が暮れて、行燈《あんどん》を灯すころになったら、どこからともなく
〈寒おすなぁ〉

〈冷えてきましたな〉

と、声が聞こえてきます。

水仕事をしたら、手がじんじんとするころ、そろそろ丸大根を炊こうと思います。

うちの店では淀の丸大根と、亀岡の篠大根を使っています。同じ冬大根でも、十二月にとれるものと、年が明けて二月にとれる大根では、ものが違うのです。

大根をだしで煮ると、なんともいえない甘い香りが立ち上ってきます。ことこと

煮るうちにうまみもにじみ出てきます。どのぐらい甘みを足したらいいか、どれだけ醬油と塩を加えたらいいのか、ぼくは大根に聴きます。

大根だけだしで炊いていると大根の持ち味をだしてくれます。その大根の持ち味を確かめて、大根がなにを欲しがっているのかを見極めて大根の欲しい調味料を入れてあげる。会話するわけですよ。

聖護院《しょうごいん》大根の原種で、幻の大根と言われる「篠大根」は、二月に旬のピークを迎えます。


〝大根の炊いたん〟や〝ふろふき大根〟は、京のおばんざいの代表的なものです。大根の煮物の理想は、二日目のおでん。なべ底に残っている飴色の大根は、形はしっかりと残っているのに、口に放りこむと、とろけます。それはなぜか。炊きたてよりも、ゆっくりと冷めるうちに、煮汁に沁み出たうまみがもう一度、野菜に戻るのです。それが「味が沁みる」ということ。

ひと晩冷まして、十分に煮汁を含ませてから、温めて食べるのは、家庭でも、お試しください。びっくりするほど、沁みしみの煮物ができますよ。

何を炊いても大根が京料理の主役。ブリ大根ですら、じつはブリのだしが沁みた大根を食べる料理なのです。

百合根と黒豆

茶碗蒸しに入れるとほくほくと上品な甘さのある百合根は、北海道の真狩村《まっかり》でとれるものが、おいしいと思います。石窯があったころは、百合根を石窯で焼いて、シロップをかけてお客さんに出していました。これがデザートみたいだと、女性に人気がありました。

焼きたてに塩をかけても、おいしいものです。

あとのページで、「茶碗蒸しが大好き」と書きました。でも、茶碗蒸しに百合根が入っていないと、百点満点で十五点しかあげられません。落第点です。どうしてか？　それは百合根が入った茶碗蒸しがうまいから。しかも、火が入りすぎてぐちゃぐちゃではいけない。ほくほくした食感が要なのです。

おせちのお重に入れる黒豆は、丹波篠山産の粒の大きなものを選んでいます。

お正月だからと、一月の献立に黒豆を先付や八寸に添えるお店もありますが、ぼくは使いません。なぜなら、お客さんの立場になったら、三が日にご家庭で、お年賀に出かけた先で、黒豆は何回も食べているのに、「また、黒豆か」になってしまうからです。

おせちと重ならないようにして、さっぱりしたものや、胃腸にやさしい根菜のすり流しを用意します。

黒豆が残ったら、裏ごしして味を調えてから練りあげて黒豆餡をこしらえます。

これがバニラアイスと相性が抜群で、デザートに出すと、お客さんに喜ばれます。

からすみが〝眠り〟から醒めるとき

からすみはボラの卵巣を塩漬けして、塩抜きしてから天日干ししたもので、その形が中国の古い墨に似ていることから「唐墨」と名がついたそうです。

祇園さゝ木では、おせちのお重を注文したお客さんに、お年玉として祝儀袋に入れ差しあげてきました。うすくスライスして炙って食べますが、日本酒はもちろんのこと、ワインの酒肴にしても絶妙です。

ボラの卵巣は、淡路島産が有名ですが、うちの店では、宮崎、熊本、鹿児島の順で産地を選んで仕入れます。

からすみというのは、干したてはそんなにおいしくないと思います。うちは三年熟成させてから、お客さんの元へ送り出します。冷凍はしないで、京都市中央卸売市場の施設内にある冷蔵庫で寝かせています。五～七℃で寝かせるうちに、塩がまったりとして角がとれて、味に奥行きが出てくるのです。

三年の眠りから醒めたころには、表面は真っ黒にくすんでいます。それを丁寧に削ってやると、きれいな黄金色のからすみが姿を現します。

このからすみは絶品！

ぐじと甘鯛

京都では甘鯛のことを「ぐじ」と呼びます。どうして「ぐじ」になったか知ってはりますか。

それは遠い昔のこと。トラックもクール便も、冷蔵庫すらない時代に遡ります。そのころから京都は食の都でした。

若狭湾でとれた魚を腐らせないで京都へ運ぶには、どうしたか。浜で背開きにして、塩を打ち、またもとのように閉じる。それらを箱に入れて、若狭から出町柳まで二十四時間かけて〝鯖街道〟をひた走るのです。終点の出町柳には、市場のように店が並んでいたそうです。

長時間かけて運ばれた甘鯛は、閉じていた身を開くと、身が熟成して糸をひいて「ぐじぐじ」していたそう。それで「ぐじ」という名がついたのでした。「ぐじ」は若狭でとれて、浜で塩を打ったものだけをそう呼びます。

修業時代に親方から、

〈ぐじを持ってこい！〉

そういわれるのは、決まって底冷えする冬の日でした。ぐじの塩けがすりおろした蕪に、いい塩梅に沁みていく。京料理の王道的な「かぶら蒸し」には、ぐじがなくては始まらないのです。

なぜなら、ぐじは脂身がきれいだから。京料理は野菜の味をひきたてる料理なのです。かぶら自体には甘みがあってクセもある。それを消してしまうような魚は合わないのです。

ぐじのほのかな香りがかぶらに纏い、脇役としてかぶらをエスコートするのが「かぶら蒸し」です。

ぐじは先人たちの《食材を無駄にしない》知恵でした。いっぽう、甘鯛は、生でお造りにしても、唐揚げにしても、焼きものにしてもおいしい魚です。

祇園さゝ木で仕入れる甘鯛は、長崎の五島列島でとれる二、三キロのものを必ずひと晩寝かせています。状態を見て、二十四時間寝かしたり、二、三日かかることも。お客さんに供する時間から逆算して、塩を打ち、皮目を炙ったお造りは、身が〝ぐじっ〟として透明感が出て、独特の甘みがたまらなくうまいです。

とくに京都のひとは、ぐじ、甘鯛が好きです。

それにしても、ぐじと甘鯛を使い分け、野菜を主役にする京料理の先人は凄いな、と思います。先人、おそるべし！

牛蒡《ごぼう》の土の香りを嗅ぐ

京野菜で牛蒡といえば、お正月前ごろに出回る堀川牛蒡を思い浮かべるでしょうか。ぼくは堀川牛蒡はあまり好きではないのです。詰めものをしたり、細工をするには見映えしますが、料理してほんまにうまいかと問われたら、ぼくはそうは思いません。

そもそも牛蒡の魅力は、あのなんともいえない土の香りがするところです。春から初夏の新牛蒡はしゃきしゃきとした歯ごたえが軽妙ですし、秋冬のどっしりとした牛蒡は、フルボディのワインのように芳醇です。

牛蒡もでんぷん質が含まれる根菜なので、掘りたてよりも一週間ぐらいして、落ちつかせた方がいいのです。

霜がおりて、でんぷんを蓄えた牛蒡は、天ぷらにしても甘くてほっくりするし、ささがきにしてすき焼きに入れたり、すりおろして味噌汁に入れても、どんなにおいしいか。

土の香りがする牛蒡は、アクセントに使うとニュアンスや面白さが生まれます。

おばんざいの牛蒡のきんぴらにするときも、牛蒡の香りを逃がさないように、調味料を加減すると、大地の凄みを感じさせてくれます。

九条ねぎの秘密

京野菜のなかでも、全国的にその名が知られている九条ねぎは、よその土地で育ててもほんものとはちがいます。九条ねぎをはじめ、京都のねぎがうまいのは、地形と関係があるのです。京都は山に囲まれた盆地で、夏は蒸し暑く、冬は底冷えします。マイナス三℃、四℃になっても、雪は降らない。冬になると北風に吹きさらされて、凍えそうになりながらも、ねぎはにゅるにゅるした糖分をまとって、自分のことを守る。だから、糖度がどんどん上がって、甘くなっていきます。

ねぎのにゅるにゅるをスプーンですくって、だし汁に入れると、

「ねぎの姿は見えないのに、ねぎの香りがする！」

と、お客さんが驚いてくれます。こういうちょっとした遊び心が、料理のアクセントになります。

うどんでも、鍋でも、ねぎがおいしくないと、成り立ちません。

なかでも、京都のたぬきうどんは、九条ねぎが主役。九条ねぎをどっさりのせて、おろし生姜をのせます。汁はあんかけになっているから、からだの芯まで温まります。

じつは、ぼくは猫舌なんです。昔、うちの親父から「猫舌やから、一人前の料理人にはなれへんわ」と、嘲笑われたことがありました。

そんなぼくですが、手がかじかんで息が白くなるような寒い日には、市場の食堂でたぬきうどんを食べます。よその地方のたぬきうどんは、揚げ玉が入っているそうですが、京都のたぬきうどんがうまいと思います。猫舌ですが。

うちの店で使うねぎは、本阿弥光悦《ほんあみこうえつ》ゆかりの地、鷹峯にある幼稚園の庭で、うちの店専用のねぎを育ててもらっています。これが抜群にうまい！

冬のねぎは、鉢物にしたり、猪肉と合わせたり、牛肉ともよく合います。

「鴨葱」というぐらいですから、焼いた鴨に合わせたら、吹きさらしで風にふかれて、甘やかに育ってくれたねぎに、感謝したくなるほど。

牛肉を絶った二年の月日

あれは十二、三年前のことでした。

ぼくが花見小路にカウンター五席のちいさな店を始めたころから、ずっとひいきにしてくれたお客さんに、叱られました。

〈なんで今夜、牛肉なんか出したんや。焼きもんはやめといて、煮物を二つにしたらよかったんとちゃうか〉

帰りぎわ、玄関で静かにいわれて、がっくりと落ちこみました。

この日は、長びく台風の影響で、海が時化ていて、納得できる魚が手に入りませんでした。貯金してある冷凍ものをだすよりも、焼き物にはうまい近江牛で勝負しようと決めました。ほかのお客さんは満足してくださいましたが、この常連さんは不満だと。

それから、献立に牛肉を一切ださない日がつづきました。

およそ二年、牛肉を絶ちました。


〈もう、牛肉は二度と使わない〉

そう封印していたのに、もうひとりの自分が問いかけたのです。

京料理なのに、鮪をにぎりずしにして出すし、ランチのデザートはバイキングスタイルにして「お好きなだけ、どうぞ」とサービスしたら、それがめちゃくちゃウケて評判になりました。京都のひとに、さんざん嗤われても、自分の意志を曲げなかったのに、このまま牛肉は出さなくていいのか、と。

ぼくが考える和食の牛肉料理をつくったらいいのだと、思い直したのです。

それは、たとえばローストビーフを石窯で焼くとします。ソースは、ワインを煮詰めたものではなく、日本のごちそう「すき焼き」を煮て、それをひと晩寝かせてから、ミキサーにかけてソースにしました。日本人はすき焼きを食べると、ほっこりするので。

改装後は石窯がなくなったので、ローストビーフはださなくなりましたが、炭火で休ませながら、じっくり焼いてもおいしいので、いつか復活させようと思います。

これまでは近江牛を使いましたが、最近、熊本で赤牛に出会いました。これが、脂は少なくて赤身がうまいのです。かみしめるほどに本来の牛肉の味がしっかりしていて、草のいい香りがします。和食にもしっくりきます。

牛肉は食べたくなかったと、ぼくを叱ってくれたお客さんは、いまはもうこの世にはいません。食べてもらえないのは心残りですが、きっと高いところから見守ってくれてはる、と信じてますよ。

クエは海の深いところで夏を越す

クエは鍋にするとおいしい魚なので、旬は冬だと思われているでしょうか。じつは夏のクエも、脂があって身もむちっとして甘みも濃いのです。なぜなら水温の低いところをめざすので、冬と同じぐらいの脂を保っているから。スズキ目のハタ科に分類される大型魚で、アラとも呼ばれますが、標準和名はクエ。冬によく釣れるのは、えさを探して浅いところにいるからです。夏になると海水温が上がり、水深の深いところに行くので、釣れにくい。その分、脂がしっかりのって、身も肥えているというわけです。

クエは皮と身の間がいちばんうまい魚で、皮を棄てるなんてもったいない。皮をひくことはまったくありません。

お造りで出すときは、皮目を一〇〇℃に熱した油に入れてやると、皮がパリッとして身は柔らかいまま。同じ一〇〇℃でも、湯は沸騰しますが、油は泡も立たない低温です。一〇〇℃の油は、火の入り方がちょうどいいのです。このクエのお造りですが、塩だけで食べても、うまい。すだちをきゅっと搾ると、もう最高です。

それから、クエはだしがもう絶品です。鍋にするのが一般的ですが、吸い物にしても、陶然とします。

クエ鍋を食べるとき、ポン酢を用意されるでしょうが、うちの店ではもうポン酢はやめました。なぜかというと、居酒屋に行ったら、メニューの六〇%ぐらいはポン酢がでてきますから。秋刀魚もおろしポン酢、あえものもポン酢。なにを食べてもポン酢の味しか残らないんじゃないかと。

ポン酢をやめて三年ぐらいになります。醤油に柑橘の果汁を、たっぷり搾ったちり酢に切りかえました。かぼす、ゆず、すだち、ライムの四種類を、食材に合わせて割合いを変えてこしらえます。このちり酢は、料理のうまみを消しません。それでいて清冽な香りと酸味が、魚のうまみに寄り添い、凪いだ海のような余韻を残します。

すっぽんは京料理の粋人

すっぽんと聞くと、強壮剤のようなせいのつく食べものと思っていませんか。見た目はグロテスクだし、生き血を飲むのは、苦手というひともいらっしゃるでしょう。

ところが、すっぽんのだしは貴婦人のようにエレガントで奥行きがあります。つまり、鰹と昆布のだしにはないコクがあるのです。

京都のくいしん坊の人たちは、ごくあたりまえのようにすっぽんを食べます。それは男女問わず。うちは専門店ではないですが、すっぽんの丸鍋もお出しします。あるいは、椀盛りのだしにすることがあります。

たとえば、こんなとき。

中秋の名月の夜、満月に見立てて黄身豆腐をだすとしたら、鰹と昆布の一番だしでは、お金がとれないのです。原価が安くなりすぎてしまうから。そんなとき、エレガントなすっぽん仕立てにすると、たちまちごちそうになります。

うちが仕入れるすっぽんは、大分の由布院近くの沼地でとれる天然ものです。いまにも雪がふりだしそうな夜には、すっぽんのだしに白味噌を溶いたりもします。これも、ほおっとため息がもれるほど、おいしいのです。

すっぽんのイメージががらりと変わるかもしれません。

ぼくが大好きなすっぽん料理は、唐揚げやタレ焼き。「祇園さゝ木」では出しませんが、「大人の居酒屋」がコンセプトの系列店「祇園 楽味」では、ご用意があります。

ともあれ、京料理とすっぽんは、意外にご縁が深いようです。

極上のフカヒレと、津波でなくしたもの

フカヒレの姿煮、フカヒレのスープ、フカヒレそば……。高級中国料理店のメニューリストみたいですが、祇園さゝ木でも、フカヒレを勝負球として、いまも使っています。

あるとき、驚くほど肉厚で大きなフカヒレを食べました。その衝撃たるや。さっそく仕入れ先を教わり、注文したいと電話したら、あっさり断られました。それでも、諦められずにいたところ、断られたフカヒレの仕入れ先から、うちの店が通信販売していた〝じゃこ山椒〟の注文が入ったのです。これはまったくの偶然でした。

このチャンスを逃すまいと、じゃこ山椒を化粧箱には入れず、タッパーウェアに詰めて〈みなさんでどうぞ〉と、メモを入れて送りました。

三回か、四回ほどタッパーウェアに入れたじゃこ山椒を送ったころに、

〈おいしかった〉と返事があり、フカヒレの注文を受けてもらえることになりました。

姿煮にしたり、スープにしたり。特別なフカヒレは、うちの店の花形になりました。

しかし、長くはつづきませんでした。

二〇一一年三月十一日午後二時四十六分、東日本大震災が発生し、津波はフカヒレ加工会社のある気仙沼を直撃しました。

あれから何度ファックスを送っても、電話をかけても、音信は途絶えたまま。

あの海の王様のような、気仙沼のフカヒレの味わいは、生涯忘れられないでしょう。

じつは電話とファックスのやりとりだけで、一度もお会いしたことはなかったのですが、いつの日か、どこかでお会いできたら、お礼を伝えようと思います。

素晴らしいフカヒレをありがとうございました、と。

あるとき、お客さんから「フカヒレが食べたい」と熱望され、中国料理のシェフで煮込みの鉄人ともいわれる魏さんと香港まで買いつけに行ったこともありました。いまは中国料理専門の食材店からフカヒレを仕入れますが、わずか十キロの注文に三、四か月。時には半年かかることがあります。それは、祇園さゝ木のために、肉厚で上質なフカヒレを吟味してくれはるから。ほんまにありがたいことです。

五百年檜は八メートル五十センチ。
圧巻のカウンター前で、
九人の若い衆とともに。

第十章

京都の暖簾とミシュランの星

京都で暖簾をあげるということ

よく京都人は〝いけず〟といいますが、それは「よそさん」と「仲間うち」の線引きが明確なのです。「一見さんお断り」のしきたりも、京都には根深く残っています。それは、意地悪ではなくて、寺院仏閣を守ってきた土地ならではの処世術のように理解しています。

ぼくは奈良で生まれて、住まいは滋賀県。老舗の名立たる料亭や割烹で修業したこともありません。そんな人間が、京都の、花街の祇園町で暖簾をあげたのは、幸運が重なったからです。

京都では、百年、二百年と代々暖簾をついでいる店も、少なくありません。料理店でも四百年以上つづく「瓢亭」さんをはじめ、「一子相伝なかむら」さん、「菊乃井」さんなど、何代にもわたって、お店とお客さんがつきあうのが、京都の魅力でもあります。

京都には、昔からこんな不文律があります。

〈白足袋さんには逆らうな〉

寺院仏閣の高僧、お茶屋（舞妓、芸妓をあげて遊ぶ屋敷のこと）のおかあさん、茶人、お花の先生、舞妓、芸妓がいつも白足袋をはいています。そんな白足袋さんを支えてきたのが、京都に代々つづく老舗料亭、割烹でした。

このヒエラルキーを頭に入れておかないと、京都ではうまくいかなかったでしょう。


独立するまえに店長として先斗町のカウンター割烹で働いていたときから、花街のしきたりは少しずつ学んでいました。

祇園町の花見小路近くの路地奥に店をだしたとき、白足袋をはいたお茶屋のおかあさんには、中央市場で仕入れるときに、季節のフルーツを余分に買っては、「これ、おいしそうやったから、どうぞ」と、届けました。

金銭的に少しゆとりがでるころには、祇園のバーやクラブ、お茶屋に行きました。

京都の飲食店のバロメーターは、祇園祭のまえになったら、舞妓さんや芸妓さんの名前が入った団扇なのです。うちの店も、ぼくが頻繁にお茶屋やバー、クラブに通っているころは、壁に飾りきれないほど、たくさんの団扇が届きました。

いまから十五年ほど前に、お店がはねたあとに、飲みに行くのは体力的にもツライし、遊びに行った先でも気を遣うのが、しんどくなって、すべてやめました。すると、祇園祭の団扇は、二十枚弱になりました（笑）。

京都で、暖簾をあげて二十七年になります。

まだまだひよっこですが、老舗の諸先輩方とも親しくしていただき、こんどは恩返しする番だと思うようになってきました。

京都はテーマパーク

京都には年間およそ五千万人（令和四年は四三六一万人）の観光客がやってきます。

三方を山に囲まれた盆地で、寺院や仏閣があり、五月の葵祭、七月の祇園祭、十月の時代祭と、年中行事もあれば、桜や紅葉など見どころもたくさんあります。

〈京都はテーマパーク〉

そう気づいたのは、出張で東京と京都を行き来するようになってからでした。

新幹線で京都駅が近づくと、メロディーが流れ、「まもなく京都、京都です」とアナウンスが流れ、視界に京都タワーや東寺が入ってくると、「京都に着いた」と、ほっこりしてきます。京都で店をやっているぼくでさえ、そう思うので、京都に遊びにくる人は、もっと心が躍ることでしょう。

京都駅八条口からタクシーに乗ってもいいし、地下鉄で市役所前まで行って歩いてもいいのです。車窓から賀茂川の土手がみえたり、橋の欄干が見えても、「ああ、京都だな」と気持ちが高鳴ります。そこから、八坂通の建仁寺をめざしてもらって、うちの店のまえに着く。そこから、石の階段を上ってもらうのも、料理をたべてもらう〝前奏〟だと思います。京都以外にも、歴史の古い奈良や、首都圏にある鎌倉など、寺や神社はありますが、京都のようにテーマパーク的ではないようです。

少し前に孫と一緒に生まれて初めて東京ディズニーランドに行ったとき、驚いたことが二つありました。ひとつめは、広大な敷地に大勢の子どもたちが遊びにきているのに、迷子のアナウンスが一度も聴こえてこないのです。

なぜか。インカムをつけたクリーンスタッフが教えてくれました。

「わたしたちスタッフは全員インカムをつけていて、ゲストの迷子さんの情報はすべて共有しています」と。

ディズニーランドは夢の国なので、迷子の放送が聴こえたら、現実に引き戻されて興ざめします。それなら、インカムで迷子情報を伝え、植え込みの掃除をしながら、あたりの様子を見渡し、すみやかに迷子を確保して、ご家族のもとにお連れする。それは徹底されていました。二つめは、レストルーム。女性用はわかりませんが、ぼくが使った男性用には、鏡がありませんでした。それも現実を忘れてもらう心遣いだと解釈しました。

京都はテーマパークですが、東京ディズニーランドほど徹底されているかといえば、まだ足りていない気がしました。

若いスタッフに、ぼくはこう声をかけたのです。

〈お客さんにとったら、予約の電話をかけてくださるときから、もう夢とおとぎの世界にいると思ってな〉と。

予約の電話に「満席です」とお断りするにしても、声のトーンひとつで、相手の印象は変わってくるでしょう。電話は声しか聴こえないので、なおさら笑顔で感じよく受け答えしなさいと、伝えています。相手が見えないほど、怖いことはないです。

京都はテーマパークであるかぎり、この土地で店を営むぼくたちも、テーマパークのキャストと同じ。どうやったら、お客さんに喜んでもらえるか、愉しんでもらえるか、それを考えつづけたいです。

京都をサンセバスチャンに

いまはもう、ありませんが、二十数年前に世界のレストランシーンに衝撃をあたえたレストランがありました。ミシュラン三つ星を獲得し、世界一予約がとれない店として知られました。フェラン・アドリアがオーナーシェフを務めるエル・ブジ。タパスが中心のスペイン料理に液体水素を使って、未来食のような個性的かつ、革命的な料理を完成させたのです。世界中のフーディーたちが、スペインのカタルーニャ地方のちいさな町に集まりました。いち早く、エル・ブジの料理を食べるために。日本人で、エル・ブジのキッチンで働いたシェフもいました。

同じスペインのサンセバスチャンでは、食の都にしようと料理店のシェフたちが協力し合い、シェアし合う仕組みをつくったそうです。それを京都でもできないだろうかと、考えるようになりました。

祇園さゝ木は、いまのところ二十年以上連日満席です。それはおごってはいけないのです。ぼくよりも下の世代の料理人でも、連日の満席を自分の実力だと勘違いしている者がいます。彼らには、

「京都という大きなテーマパークで商売をさせてもらっているから、毎晩満席なんやで。これが、辺鄙な場所で、ほかの土地なら、お客さんはゼロかもしれない」

と、きびしいことを伝えました。

だからこそ、京都の料理人たちは、もっと結束したほうがいい。自分だけがよければいい、自分の店さえ儲かっていたら、ほかは知らん。それではいけないと思います。

満席のときに、お客さんから予約したいと電話がかかってきたら、「○○というお店も、ええ店です。よろしかったら、ご紹介させてください」というように。

そのお客さんがよその店を気に入って、そっちに逃げてしまうのではないかと、躊躇する気持ちもわからなくはないです。でも、そんなことはなくて、必ず戻ってきてくれる。

ちっちゃい気持ちではなく、みんなでよくなろう、みんなで前に進もうと、京都をスペインのサンセバスチャンみたいな食の都にできたら、というのが、ぼくの夢でもあります。

来年春にはＥＸＰＯ２０２５大阪・関西万博が開催されます。世界からのゲストを迎えるにあたり、初代として祇園さゝ木を一代でやってきた人間として、これまで京都の食をささえてくださった老舗と、初代店主をつなぎたいのです。

いったいなにができるのか、いま、考えをめぐらせているところです。

日本に上陸したミシュラン。二つ星でよかった

二〇〇九年にミシュランガイドブックの日本版が出版されることになり、それは大きな注目を集めていました。前年に東京が先行し、大阪・京都の店も、評価されて、星の数が決まるというのです。

初回は、祇園さゝ木が三つ星候補と前評判があり、正直なところ、「もし、選ばれたら、面倒なことになるな」と、思っていました。

ふたを開けると、うちの店は、二つ星でした。前評判では三つ星確実といわれ、出張先から帰ってくると、京都駅の改札にテレビカメラが待機していて、驚いたことがありました。こうした〝ミシュラン狂騒曲〟は、二つ星に決まったことで、平常運転に戻りました。

テレビ局のディレクターや料理関係者に、「惜しかったね」と声をかけてもらいましたが、正直なところ、二つ星にしてもらって、ほっと胸をなでおろしました。

なぜかというと、初代で、しかも四十代で、三つ星をとったら、責任が重すぎて、プレッシャーに押しつぶされてしまったでしょう。

こうも思いました。

〈二つ星は、もうひとつ上がある〉と。


やがて月日が流れ、二つ星が二〇〇九年から十年間つづきました。

もうミシュランで三つ星になることはないだろうと、思っていたころに、二〇一九年の発表の日を迎えました。

「ぜひ、会場にいらしてください」と主催者から連絡がありましたが、その日は料理専門学校で講演会の仕事を引き受けていたので、出席はできないと、返事したのです。

だから、「祇園さゝ木が三つ星に選ばれました！」と、連絡が入っても、実感はありませんでした。みなさんに「おめでとう！」とメッセージをいただいても、「へえぇ、そうなんか」と、どこか他人ごとのようでした。

三つ星になって、メディアからたくさんのインタビューや取材をうけて、ようやく「えらいこっちゃ」と思ったのです。インタビューで〈なぜ、三つ星をとれたと思いますか？〉と、何回も質問されました。

正直なところ、「審査員に聴いてください」としか、答えようがありません。

答えあぐねていると、

〈では、なぜいままで、二つ星だったと思いますか？〉

言葉に詰まるような、鋭い切り返しがありました。

十年間二つ星がつづいて、三つ星をとれなかったのは、サービスなのか、店の設えなのか、お酒のリストなのか、考えても答えは見つかりません。

そのなかで、ぼくの人間性が未熟だったのだろう、と思い至ったのです。

ぼくは、やんちゃで、ヤンキーがそのまま大人になったようなもの。店主としての落ちつきや、人間としての深みも足りなかったと省みました。

ここ五年ほどで変わったことがあるとすれば、ささやかなことですが、言葉遣いや礼儀作法について、あらためて考えるようになりました。

たとえば、お客さんにおみやげをいただいたとしましょう。これまでなら、電話をかけてお礼を伝えていました。それが、いまでは直筆の手紙を書くようになったのです。文面を考えて下書きをして、清書して、読み返して……。時間はかかりますが、手紙のほうが感謝の気持ちが伝わるし、丁寧です。そうしたことの積み重ねで、人間的にも少しは成長できたような気がしています。

三つ星の矜持《きょうじ》

四月九日、ことしも、ミシュランの発表の日がやってきました。

一年でいちばんしんどいのが、この日です。三つ星から落ちていたらどうしようか、と、頭のなかがそればかりになるのです。かつて、フランスのミシュラン三つ星をもつスターシェフが、こんどは星を落とすかもしれないと憂いて、自死した痛ましいニュースもあったほどです。

三つ星をいただいてから、ことしで五年になります。

ミシュランガイドの三つ星の定義は、

〈そのために旅行する価値のある卓越した料理〉

祇園さゝ木にきてくださるお客さんのなかには、新幹線や飛行機に乗って、わざわざ遠くからお越しになる方も、たくさんおられます。

卓越した料理かどうかは、そうであるように日々、旬の食材と向き合うのはもちろんのこと、若い衆、サービス、洗い場、掃除のスタッフの従業員ひとり一人が、お客さんに向き合うように。そうでないとぼくの気持ちがお客さんに伝わらないから。

三つ星のしんどいところは、その上がないところ。四つ、五つと、あれば、またそれを目標にできますが、三つ星が満点である以上、それをどうキープするかは、ミシュランガイドの評価以上に、自分との闘いになると思います。

うちの店が三つ星をいただいたことで、これまで以上に、お客さんを迎えて、もてなすことの意味を深く考えるようになりました。恰好よくいえば矜持、プライドです。

ちいさなことですが、埃《ほこり》や塵《ちり》がひとつでもあれば、「三つ星の店なのに」と批判されるでしょう。

三つ星の意味を考えるうちに、お客さんにもいくつかお願いをしました。

ひとつはドレスコードです。それまでは短パンでもサンダルでも、お迎えしてきました。「なんや、えらそうに」と思われるかもしれませんが、ぼくたちも白いシャツと真新しいコックコート（白衣）を着て、身だしなみを整え、正装しています。お客さんにも、おしゃれして食事を楽しんでもらいたいのです。一期一会で、その日に同じ空間で食事をともにする、ほかのお客さんのためにも。

二つめは、昼の献立を夜に近づけました。というのは、おかげさまで、夜の予約は、とりづらくなっています。昼に夜の献立をリクエストされることも、少なくありません。それならばと、その日の夜の料理を二品、ランチにだすことにしました。

三つめは、SNSについてのお願いです。祇園さゝ木もインスタグラムで情報を発信していますが、料理は掲載しません。それはなぜか、というと、来店いただくお客さんの「なにがでてくるかな」という楽しみを奪いたくないから。

料理をだすと、箸をもつまえに、スマートフォンで写真を撮るひとがいますが、温かいものは一秒でも早く食べてもらいたいのが本音です。アングルを気にしているうちに、冷めてしまっては、もったいないです。

撮影はかまいませんが、ＳＮＳにアップするのは、ご遠慮いただいています。それは、これからご来店のお客さんが、「これ、インスタで見たことある」となれば、せっかくの料理が、興醒めになってしまいます。

「祇園さゝ木は、えらい恰好つけてんな」と批判されても、それも覚悟の上。ミシュラン三つ星の矜持は、揺らぎませんし、大切にしたいです。

コロナ禍の静寂と感謝

二〇二〇年四月、新型コロナウイルス感染症による緊急事態宣言が発出されたのは、記憶に新しいと思います。ゲートが封鎖されたように、京都から観光客の姿が消えました。飲食店は自粛を要請され、二十時以降の営業と、アルコールの提供を禁じられたのです。

さあ、どうするか。

得体のしれないウイルスに脅えながら、店をどうするか考えました。

店の若いスタッフたちには、寮と店を往復する以外の外出を自粛するように伝え、籠のなかの鳥のような、修行僧のような生活をつづけました。

お客さんには、無茶を承知で、

〈夕方五時半に一斉スタートして、二十時には閉店〉

〈お酒は一滴も、だせません〉と、店の方針を伝えました。

それでもよろしければと、予約のお客さんに連絡すると、みなさん快諾してくださり、一時間早めた夜の営業が始まりました。

おかげさまで、コロナ禍の日々も、祇園さゝ木の満席は、一日たりともとぎれませんでした。

あるなじみのお客さんから「湯呑に半分だけでええから、冷酒を注いで」と、お願いされましたが、きっぱりとお断りしました。

「いつもは酒を飲むから、最後のデザートのころは、よう味もわからんようになったけど、今夜は一所懸命食べるわ」と励ましてくれたお客さんがいました。それがうれしくて、心の裡《うち》で泣きました。

お酒の売上げはゼロなので、減収にはなりましたが、料理はいつもどおり提供していたので、中央市場に買い物に行くたびに、

〈なんで？　お客さん、きてはるの？〉

と、驚かれました。そして、嫌味もぶつけられて、悔しい思いもしました。もう、

買い物に行くのもしんどくなって、やめたろうかな、と思ったほどです。

それでも、いま考えたら、日本中の飲食店が打撃を受け、市場の関係者も不安でしかたなかったと思います。

思い返せば、コロナ禍まえの京都は、インバウンドバブルでした。中国からの観光客が、高価なワインや日本酒を注文して、飲食店では高価な酒を売りまくっていた。それを、ぼくは指をくわえてみていました。うちは外国人のお客さんはお断りしていました。なぜなら、日本料理の食材やうつわ、旬の移ろいなどを説明しても、細やかなニュアンスが伝わらないから。


コロナ禍があけて、あれだけ静寂に包まれていた京都の街に、外国人観光客も、日本人の観光客も戻ってきました。ことしは三月に雪が降ったりと寒かったので、桜も長く咲いていました。桜の花見客も、ひさしぶりに大にぎわい。

いま、コロナ禍の四、五年をふり返って、しんどい思いもしましたが、お客さんには感謝の気持ちでいっぱいです。

ありがとうございました。

第十一章
料理人はスケベやないとあきまへん

店を六カ月休んで、大改装

コロナ禍の混沌とした時間がすぎて、ようやく落ちついた二〇二二年の夏の終わり。心にすきまを感じたのは、ちょうどそんなころでした。

妻で女将の太津子が、「貸切のご予約がキャンセルになりました」と、耳打ちしたのです。そのとき、「わかった、その日は店を休みにしようか」と返事してから、自分で愕然としました。いままでのぼくなら、休むことはなかったでしょう。心がゆるんでいるな、まずいな、と気づきました。

二〇〇六年に、いまの店を、百坪の土地ごと購入したのは、

〈京都で骨を埋める覚悟をみせたろ〉

〈白足袋さんに認めてもらおう〉

そんな気持ちが強かったと思います。そのあとも系列店を出店したり、若いスタ

ッフの独身寮を用意したりと、借金は五億円近くまでに膨らんでいました。それをほぼ返済し終えたのが、このころでした。還暦もすぎて、六十一歳になっていました。それまでも、五十歳になったら、割烹は弟子に譲って、鉄板焼き屋をやりたいとか、還暦になったら引退すると、公言してきました。

いまなら、引退して店を譲渡しても、子どもたちにまとまったお金を贈与できるし、老後は夫婦でちいさなお好み焼き屋をやるぐらいのお金は残る。どこかで「もう、ええかな」と、後ろ向きになっていたと思います。

そんなときに、ぼくの秘書役の長女から、ガツンといわれて目が覚めました。

「お父さん、わたしらにお金は残さなくていい。初代なんやろ、ゴルフのスイングと同じ、最後まで振り抜かなあかん」と。

ああ、そうやな、そのとおりだと思い、最後の勝負に賭けることにしました。

開店から十六年の月日が経つうちに、厨房の設備をはじめ、老朽化してきました。自慢になりますが、年間一万五千人がお見えになり、十六年でのべ二十四万六千人がお越しいただきました。そりゃ、老朽化もしまっせ。なにしろ、大正時代に建

てられた古い家屋と庭と離れですから。それに加えて、京都の街を仕切る「白足袋」さんたちにも、
〈祇園さゝ木は、店主が還暦すぎても、がんばりはるんやな。勝負しはるんやな〉
と、認めてもらいたいという思いもありました。

そうして、二〇二三年の年が明け、立春がすぎ、二月二十二日の営業を最後に、長期休業に入りました。当初は七月半ば、祇園祭の山鉾巡行のころに合わせて、リニューアルオープンする予定でしたが、工期が半月長くかかり、八月二日になりました。

改築工事でいちばん意識したのは、お客さんに、
〈ここにきたら、なんか落ちつくな〉と、思ってもらえること。
いい〝気〟が流れていて、静謐で、心が洗われるような設えにしたいと考えました。

祇園さゝ木を象徴する檜《ひのき》のカウンターは、八メートルと五十センチあります。樹

齢五百年、十五代の手で育てあげた室町時代に遡る名木で、伊勢神宮内宮や出雲大社に奉納された最後の一本だそう。名木商のはからいで、ご縁がつながり、うちの店にお迎えすることになりました。

天井は黒部（ねずこ）材を職人の手で薄くへぎ（割り）、矢羽根模様に編んだ網代にして、日本建築の粋を利かせました。

渡り廊下の向こうには、茶室に見立てた「離れ」があります。そこには、チェリー材のカウンターを設え、イタリアから輸入した椅子でモダンなテイストにしました。改装して、客席数をどうするか考えましたが、メインのカウンターが十二席、離れが七席、二階の座敷が最大で六席。すべて合わせても、二十五席です。

長女に背中を押されて決心した改装工事には、二億円ほどかかりました。完済予定は七十四歳。借金という「足かせ」をかけることで、楽なほうへ進もうとする自分への戒めの意味もありました。それが明日への活力とお客さんに対する恩返し。そして、若い衆への伝える機会でもあり、ぼくの歓びでもあります。ぼくたちの仕事は、お客さんに追いつかれないように、たとえ一センチでも、十センチでも先を走りつづけます。そうでなければ、いつでも、飽きられてしまいますから。

アンテナは複数あったほうがいい

店を改装した六か月間、休みはとれませんでした。

コロナ禍で延期されたイベントに出席したり、建築家と打ち合わせしたり、現場を確認したりで、お店に立つよりも、多忙な日々になりました。

うちのお店で働く若い子たちには、〝宿題〟をだしました。それぞれ和食以外のジャンルの飲食店で、修業することになっていました。

〈なんでもええ、修業先でレシピを盗んでこい!〉

中国料理店に修業に行った弟子は、清湯スープを習ってきました。フレンチレストランでは、野菜のだしを勉強してきました。それぞれに、目的をもって〝異文化〟を学んできて、料理に取り組む姿勢が変わってきたように思います。

六か月の休業の間、リニューアルした店のコンセプトを決めました。それは、〈チームで料理すること〉

いままでも、レーシングチームのように、仕込みのとき、おそろいのトレーナーを着たり、みんなでまかないを食べたりして、「チームさゝ木」としてやってきました。それでも、そのチームは、親方のぼくが前面に出ていたのです。

とびきり負けず嫌いな性分なので、「オレが、オレが」と、自分を主張することしかできていなかったと思います。それでは、せっかくぼくを慕って、祇園さゝ木で働いてくれている弟子から、自分で考えて、自分の料理をつくるという大切な機会を奪うことになりかねません。

ぼくもことしの十二月には六十三歳になります。どんなに若いつもりでも、時代の流れは加速するいっぽう。かつては十年ひと昔だったのが、五年、いや三年でがらりと世の中が変わりゆく。それについていくには、若い感性とぼくの経験をかけあわせたほうがいいに決まっています。

そのために、キッチンをフルオープンにしました。野菜を切るのも、炭火を熾すのも、焼くのも、お造りにする魚の身をひくのも、すべて席から見渡せます。

「その庖丁の入れ方は、角度が浅い」

「盛りつけに高さがほしいな」

「もう気持ち、焼き色をつけよか」

舞台のように、料理のすべてを見てもらうスタイルにしたのです。これまでのように、ぼくが主役ではなく、若い弟子みんなが主役になれるように。

料理はそれぞれの持ち場があるが、献立のアイディアには、先輩も後輩もない。たとえば、「イカと春野菜をサラダ仕立てに」と、ある弟子が提案したとしましょう。

それに対して「イカはどんなイカを使う?」と問いかけます。

「アオリイカにします」という弟子に、「アオリイカの旬は夏やから、あと二か月待とうか」と、食材の知識や経験から、意見をするのがぼくの役目です。

献立のすべてを弟子にまかせることはないですが、一品でも二品でも、アイディアを募り、採用されたら、お客さんに「この子が考えたんです！」と、褒めたたえる。

こうしたくり返しが、弟子たちの意識を変え、「親方ひとりの店ではなく、ぼくたち、わたしたちの店」と思うようになりました。

まだリニューアルオープンから一年と少しですが、六十代のぼくひとりのアンテナではなく、弟子たちの人数分のアンテナをまとめるほうが、彼らのためにも、お客さんのためにも、未来の料理のためにも、よき革新になると信じ、邁進していきたい。

料理人はスケベやないと

ところで、どんな人間が、料理人に向いていると思いますか？

手先の器用さか、ひたむきさか、コミュニケーション力か。それらもアドバンテージにはなりますが、いちばん大事なのは、

〈スケベさ〉だと、ぼくは思います。

ドキュメンタリー番組『情熱大陸』に出演したときに、

「料理人はスケベやないと、うまいもんはつくれへん」と、語りました。

すると、放送翌日に飲食店の経営者を名乗る、苦情電話が店にかかってきました。

「うちには、スケベな人間なんてひとりもいない。うちはダメな店ですかね」と。

ああ、ぼくのことばが足りなかったかな、と思いました。

スケベというのは、どれだけ相手の懐に入って、気持ちを瞬時につかめるか、と

いうことなのです。あとは「もっとこうしたら、好きになってくれるかな。おいしいと思うてくれるかな」という想像力があるかどうか。

料理でいえば、いま、どんな調味料を入れたか、なぜ、いまなのか。その瞬間を見れるのは、スケベ心があるから。いつも異性をいやらしい目でみて妄想するような、卑猥さの話ではありません。


この春、祇園さゝ木には三人の「一年生」が入店しました。まだベールをかぶったままで、このまま料理の道を進むのか、途中で投げてしまうのか、それはわかりません。

彼らがアンテナになり、やがてここを巣立ってくれる日を、上からではなく、同じ目の高さで見守り、ともに料理の道を究めていきたい、そう思います。

沓脱《くつぬぎ》から畳に上がると、入り口の左右には、仁王像をお祀りしました。たくさんのひとが往来する場所なので、ここでさまざまな邪気を払い、清らかな気持ちで席についていただきたいからです。まだ経験の浅い、若い料理人を守っていただくよう祈りも込めました。

十二席のカウンターは、神殿に使う古木の檜で設えました。その真上には、改装前の店をご存知の方には懐かしい木が浮かんでいます。これ、じつは、リニューアル前に使っていたマホガニーのカウンターです。

〈いつも先輩が後輩を見守るように〉

そんな思いを込めて、このようなデザインにしました。

未来といえば、子どもたちにも思いを馳せています。六歳までに味覚が育つという説があり、だしや調味料など、ほんものを食べて大人になってもらいたいと願っています。

たかが、五百万円、されど五百万円

一九九八年九月に、祇園北側の路地の奥に、カウンター五席と小上がりがある小さな店をだしました。三十六歳でした。それまでに十年ほど先斗町の割烹で、料理長をまかされていたのですが、事情があって準備する時間がないまま、独立することになったのです。

京都で店をだすなら、祇園町でという夢がありました。ようやく、ここならと思える物件に出会い、契約することになったのですが、資金不足でした。

あと五百万円が用意できずに、京都の金融機関を駆けずりまわり、書類をそろえて頭を下げるものの、融資がおりません。ある信用金庫では、担当者が底意地の悪い対応をするのに、ブチ切れてしまい、力任せにカウンターを蹴り上げてしまいました。

「しもた、警察、よばれる」と焦りましたが、それは免れました。

契約日まであと二日に迫っていて、絶望的な気持ちになりました。一縷の望みを託して、料理長をしていた店の常連客に、地元の銀行の取締役がいたことを思い出して、電話してみました。

「ええよ、いつまでにいくら必要なんや？」とあっさりと話がついて、翌朝いちばんに、約束の五百万円が口座に振り込まれていました。

こうして、祇園さゝ木が船出しましたが、ご祝儀の来店が一巡した三か月後に、ぴたりと客足が途絶え、店の電話が鳴らなくなりました。

〈まちがい電話でもええ、電話を鳴らしてくれ！〉

何度思ったことでしょう。毎日、毎晩、お客さんがゼロの日がつづいて、このころが、いちばんしんどかったです。情けない話ですが、お金がなくなり、自宅のある滋賀県まで帰る高速料金さえ惜しくて、一般道を走りました。クーラーもガソリンを浪費するので、窓を全開にしました。

あれはお客さんから、本物の朝鮮人参をもらったときのこと。若い衆やった木田（康夫。現在は「祇園きだ」店主）が「これ、焼酎に漬けときましょか」と、いうんです。

ところが、焼酎を買うわずか千円か二千円のお金すらない。でも、そんな情けないことは言えないから、木田には「うん、あわてなくていいよ」と、ごまかした。あのころ、ほんまにキツかったです。

そのあと、当日電話で予約してくださるお客さんに、あるルールをつくりました。〈当日予約は十三時まで受けて、十五時以降は「満席です」と断る〉と。

不思議なもので、「満席」と断られたお客さんは、あらためて予約をしてくれるようになりました。そうして息を吹き返したころ、「救世主」が現れたのです。

京都に遊びに来るたび、隣のマッサージ「日吉堂」に通っていたフレンチと洋食「旬香亭」シェフの齊藤元志郎さんです。お隣さんから紹介されて、うちの店に食べにきてくださり、気に入った齊藤さんは、こういったのです。

「『家庭画報』に興味ある？」と。

心のなかでは「興味あるにきまってるやん」と前のめりになりながら、「いまのお客さんに迷惑がかかったらあかんし……」と迷っているふうに装いました。

そして、祇園さゝ木のメディアデビューの日がやってきました。

当時は、雑誌に掲載されると大きな反響がありました。その後、長いおつきあいになるフードコラムニストの門上武司さん、テレビプロデューサーの本郷義浩さんとも出会い、さまざまなメディアに紹介されるようになったのです。

開業資金として融資いただいた五百万円は、二年八か月かけて完済しました。融資を断られた信用金庫には、市場の仕入れに行った帰りに、毎日千円ずつ入金しました。やがて、時が流れて、祇園さゝ木には、ありがたいことに金融機関のほうから、融資を申し出てくれるようになりました。

祇園さゝ木で一緒に働いてくれて、独立した弟子たちが「祇園さゝ木一門会」をつくってくれました。そのひとりで、「おが和」店主の小川洋輔くんから、そろそろ自分の店をだしたいと相談されたときのことです。

　立地についてアドバイスしたあと、彼の貯金用の口座番号を知っていたので、内緒で五百万円を入金しました。まとまった額の預金があれば、融資も通りやすいと、自分の経験から知っていたからです。小川は絶対にこのお金には手を付けないと、確信していたとおり、資金繰りがうまくいったあとで、「ありがとうございました」と返してくれました。とっくにバレていたみたいです。

　祇園さゝ木一門会の弟子たちの店は、おかげさまで繁盛していて、それぞれ活躍しています。彼らにとって、目標でいられるように、ぼくも走りつづけたいです。

第十二章

被災地の豚汁と雑炊に料理のチカラを知る

豚汁と雑炊

ぼくが生まれて初めて、被災地支援をしたのは、阪神・淡路大震災でした。一九九五年一月十七日未明。神戸・三宮のビルがゆがみ、阪神高速道路の橋桁が壊れた様子をニュース映像で見て、衝撃をうけました。居てもたってもいられなくなり、なにか被災したかたがたに、お役に立てることはないかと、行動することに決めました。

発生から四日めに、当時の後輩と、以前勤めていた店の親方に声をかけて、十二人で、「被災地支援車」の張り紙をして、五百人分の豚汁の材料とミネラルウォーター二トンを積み込み、京都から神戸へ車を走らせました。向かったのは、事前に連絡した須磨区役所でした。

入り口がわかりづらく、まちがえて足を踏み入れた地階フロアは、中央市場の競り場に迷い込んだようでした。

〈いや、ちがう、ご遺体や！〉

生半可な気持ちで被災地入りした自分が恥ずかしくなり、狼狽《うろた》えました。慌てて合掌して、担当者のいる階上へ急ぎ、被災者がどこに何人いるのか、炊き出しの現場はどんな状態なのか、打ち合わせをしました。

須磨区役所近くでぼくたちの炊き出しを待っていてくれたのが、三五〇人。十二人で手分けして、豚汁を炊いて、食べて温まってもらいました。

残りの一五〇人前をどうするか、担当者と相談して、酒蔵で有名な灘へと車を走らせました。そこでも、豚汁を炊き出すと、温かい食べものにありつけたと、喜んでいただきました。

そこには、弁当がいくつも残っていて、ごはんがかちかちに固まって積んでありました。なんてもったいないのだろう。ふと思いついて、残っていただしに弁当のごはんを水で洗ってから入れて雑炊にしました。おかずについていたハンバーグは、ばらしてから肉団子にして雑炊に入れました。すると、湯気につられて、被災者のひとたちが、列をつくって「あったかいな、おいしいな」といって、笑顔を見せてくれたのです。

この日の豚汁と雑炊は、料理人として、自分は何かできるか、自分に問いかけるきっかけになりました。あの日から二十九年になります。

しかし、人は月日が経つと、忘れていきます。決して忘れることなく、今後の行動や対応に役立てていきたいです。

そろそろカレーが食べたいな

被災地支援は、一回だけ炊き出しをしても、それはボランティアにはならない。せめて、ライフラインが復旧するまでは、現地で料理を提供しつづけたいとぼくたちは、考えていました。これまで被災地に入って、食べていただいた料理で好評だったのは、岩手県三陸の牡蠣小屋でつくった焼きそばでした。凝ったものはつくれませんが、温かいもの、野菜もたっぷり食べられるもの。そして子どもも大人も、その香ばしいソースの匂いにそそられるものをと、焼きそばをつくりました。

二〇一六年に発生した熊本地震のときは、一般社団法人全日本・食学会の理事でした。日野自動車がタニコー（業務用厨房機）さんの調理器具を装備して千二百万円かけてつくった二トンのキッチンカーを用意してくれ、味の素社が冷凍車を一台提供してくれました。そこに京都市中央市場が提供してくれた食材をぎっしりとつめ込んで、フェリーで向かいました。

震源地の益城町の公民館に拠点を設営し、三週間支援をつづけました。

地震発生から四日めに現地に入ったときは、ライフラインが止まっていて、飲み水を持ち込みました。

被災地で感じることはたくさんあります。被災したひとは、最初は冷たくなったおにぎりでも、菓子パンでも、ありがたいと喜んで食べてくれます。つぎは、味噌汁や豚汁など、温かいものが食べたくなります。そのつぎは炒めもの。さらに、「カレーは炊かないの？」

「パスタとか、食べたいな」と、
空腹が満たされたあとに、まっとうな食欲がわいてくるのです。なんて人間らしいのだろう。被災地に行くたびに、

〈ああ、食のチカラはすごいな〉と、あらためて思わされます。

熊本地震のときは、長崎のハウステンボス「ホテルヨーロッパ」で総料理長をされていた上柿元 勝シェフも駆けつけて、被災者を料理で勇気づけてくださいました。

ぼくは京都の店のこともあって、三週間ずっとはできないので、シフトを組んで、みんなで協働しました。

いまも忘れられないのは、いよいよ益城町での支援を終える前夜のことでした。被災者の方たちと酒を飲み交わし、ねぎらいの言葉をいただきました。そのなかで、ひとりの男性がこういったのです。

「ああ、あんたらは帰ってしまう。明日から現実やねんな」と。

ぽつりと呟かれた本音に、心を打たれました。

ボランティアとか、被災地支援とか、ぼくたちがやっていることは、大したことじゃない。被災者はこれから、もっときびしい現実と向き合うのだと思うと、こちらが大切なことを教えてもらったと、思いました。

そして、ことしの元日、能登半島地震がおこりました。発生直後に現地の自治体へ、支援を申し出たところ、余震がつづき、道路も寸断されていることから、少し待ってほしいと断られました。五月中旬以降にようやく、有志を募って支援をスタートさせました。

海苔弁に込めた感謝の気持ち

暗澹《あんたん》たる気持ちのなか、医師や看護師が「かたときも現場を離れず二十四時間未知のウイルスと闘っている」と聞きました。食事をとるのは真夜中で、その時間に食べられるものがない。あっても、ゆっくり食べられないという医療従事者のために、ぼくたちが何かできることはないかと、全日本・食学会の理事会が中心となって考えました。

日本赤十字社の系列病院と市民病院に一食八百円でお弁当をつくって配布することに。

それは持ち回りで一日一二〇食。十日に一度のローテーションでお弁当をつくり、医療機関に届ける仕組みをつくりました。サンプルにつくったのが、ごはんに海苔を敷きつめた海苔弁当でした。ちくわやコロッケ、だし巻き卵をおかずにした、ふつうのお弁当です。

全日本・食学会のメンバーは、それぞれの持ち味を活かして、洋食店ならハンバーグを入れたり、京割烹では豆ごはんをつくったり、それぞれに工夫していました。

医療従事者へのお弁当配布は、京都を起点に、東京、大阪へと支援の輪が広がっていきました。それがとてもうれしかったですね。

不足分を補填していた全日本・食学会の資金が底をつきかけたときには、外資系のカード会社が寄付をしてくれたり、うちの店の常連客が募金を百八十万円ぐらい集めてくれて、まかなえました。こうした気持ちがほんとうにありがたくて。


〈疲れきった身体と心に沁みました〉

〈元気をもらいました〉

〈おいしかった！　いつか店に食べに行きます〉

お礼の手紙をいただき、こちらもうれしかったです。

命がけで未知のウイルスに立ち向かい、感染者をケアしていた彼らに、ほんの少しでも、食べることで疲れを癒してもらえたら、とぼくたちも心を込めてつくりました。

第十三章
料理との絆、友との絆

もう死ぬのかな

お店の改装工事で休業して三か月がすぎた、五月の夜のことです。おつきあいでお客さんと出かけて自宅に戻ると、久しぶりに三女が実家に帰ってきていました。「一杯だけ、つきあうわ」と、水割りをグラスにつくり、ひとくち飲んだら、心臓が大きく跳ね上がり、一瞬止まったような衝撃が走りました。心臓の鼓動が消えてしまったと思いました。家族に音を聴いてくれ、とお願いしても、

「わからん、微妙」

と、取り合ってくれませんでした。

そのうち、目のまえがブラックアウトして、仰向けにドスンと倒れ込みました。救急搬送されて、意識が戻ったころ、当直医が、

「心臓血管にダメージがあります。明日の朝、循環器科の専門医がきたら、診断し

ます。このまま、入院してください」

といわれました。そこで自分のことを「本名は中村ですが、京都で『祇園さゝ木』という店をやっています」と伝えました。

五日後にコンサートを予定していて、病院から出られなくなると困るんで、終わってから入院するので、手術してほしいと事情を話したところ、

「そんなにもちません。死にますよ」といわれました。


夜が明けて循環器科のドクターがきて、検査と診察の結果、

「一刻も早く手術が必要」と告げられたのに、「ちょっと待ってほしい」と抵抗しました。友人の医師に連絡して、何とか手術を回避できないかと相談したものの、診断に従った方がいいと、説得されるばかり。

〈心臓近くの血栓が脳血管にいったら、庖丁を握れなくなるぞ〉

と脅されて、観念しました。その日のうちに、ぼくの心臓にはペースメーカーが装着されました。

なぜ、命にかかわる心臓血管のトラブルなのに、手術を断ろうと無茶ぶりをしたのか。それは五日後のコンサートを中止するわけにはいかなかったからです。

そんなぼくの事情に関係なく、手術は無事に成功しました。

「入院は三日しかできません」と主治医に必死でお願いすると、

「熱が平熱になれば、退院できますよ」と冷静に答えられました。

わがままをいって、病室は音のもれない個室にしてもらい、三日間の入院中は舞台の打ち合わせと、音合わせをオンラインでやりました。

約束の三日間がすぎ、翌朝の検温で三六・三℃。よっしゃ、退院できる！

看護師さんに主治医を呼んでもらい、退院手続きを急ぎました。

この大切な舞台とは、ウェスティン都ホテル京都で、ぼくのバンドのコンサートを企画していました。学生時代の友だちを中心に七人で組んで、バンド名は「ＧＳバンド」。セットリストはすべて矢沢永吉さんのナンバーです。

着席のディナーショースタイルで、祇園さゝ木の料理のフルコースを召し上がっていただきます。コロナ禍のまえは、年に一度開催していて、ゲストにはばんばひ

鮑の肝をベースにしたソースが絶品。
祇園さゝ木流「鮑のステーキ」。

ろふみさん、大平サブローさん、ハイヒールモモコさんがきてくださり、マールブランシュの河内誠社長（当時）をはじめ、祇園さゝ木の常連客がチケットを買ってきてくださいます。

大人の遊びは本気でやらないと、小学校の学芸会になってしまう。千二百万円かけて左右のウイングステージを伸ばし、三十秒で六十万円する花火を二発打ち上げますし、レーザービームも（笑）。

これは、大人の女のひとが大島紬のとりこになるのと同じこと。紬はどんなに高価でも、格調の高い席には着られない遊び着物ですが、大枚をはたく。大人の遊びは、本気であればあるほど楽しく、奥が深いものです。

さすがに退院した翌日だったので、急遽演奏する曲は減らしましたが、なんとか舞台には立てました。

心肺停止寸前の徐脈に、このまま死ぬのかな、と頭によぎりましたが、コンサート直前だったこともあり、招待したお客さんには迷惑をかけられないと、気持ちを奮い立たせました。生死を彷徨う経験をしても、人生観までは変わりませんが、

〈人間、休まないとあかんなぁ〉と、しみじみと考えるようになりました。

小山薫堂さんがぼくに諭してくれたように、走りつづけるためには、歩くことも大切だと思うようになりました。

日々の料理に邁進し、大人の遊びも本気でやる。そして、ときおり休養もとってきちんとからだの手入れをする。それは、一日でも長くカウンターのまえに立って、お客さんと会いたいからです。

おしゃべりは苦手だった

「祇園さゝ木劇場」と呼ばれて、軽妙なトークがお客さんにも喜ばれて、面白いひとと思われていますが、素顔のぼくは、じつはおしゃべりが苦手です。

料理の道に入るまえは、対話は下手でした。知らないひととコミュニケーションをとるのは、いまも得意ではないです。ここ数年は、食学会の会議やさまざまなプロジェクトのミーティングに参加しますが、ほかのひとの話し方や、伝え方、話の構成はさすがだと感心するばかり。

それでも、ひとたびカウンターに立ったら、苦手と言い訳はできません。お客さんと相対する二時間半は、お客さんに愉しくすごしていただくためだけに、全力で演じ切ります。

お笑いタレントの明石家さんまさんは、オフの日でも、誰かとしゃべっていないと落ちつかないそうですが、ぼくはまったく逆。ふだん起きているときは、誰かに話しかけていますし、営業中は二時間しゃべりっぱなしです。

その反動なのか、仕事が休みの日は、無になれる時間をつくるようにしています。たとえば、ゴルフはボールだけに集中するから、ほかのややこしいことは考えません。ぼくは下手くそだから、もくもくとボールを追って歩くから、ひとりになれる時間が心地いいのです。

誰とも口をきかなくていいように、車を無心で掃除するのが、ぼくのマインドリセットになっています。車が大好きで六台所有していますが、朝食も食べないでコーヒーを一杯飲んでから、車の掃除を始めて午前中に二台、昼ごはんを挟んで三台がピカピカになるころには、日が暮れてしまいますが、それが愉しくて。誰にも気を遣わずに、ひたすらに車をきれいにするひとときは、無心になれます。

愛車は、日産スカイラインの五十年前のヴィンテージカー。若いころから憧れていたハコスカGT－Rです。デザインがかっこよくて、エンジン音も心地いい。メンテナンスが大変ですが、これからも大切に乗りつづけていきたいです。

あとの車もありますが、ここではちょっと言えないですね（笑）。

小山薫堂さんから教わったこと

関西エリアのテレビ番組で、小山薫堂さんと旅をしています。五島列島、天草、鹿児島などへ、行きました。

小山さんは、若き才能のある料理人を世に送り出そうと、コンテストを主宰されています。彼はぼくよりも年齢は若いですが、ことばに説得力があるひとで、尊敬しています。

あるとき、海辺のシーンを撮るために、テレビカメラが廻っていました。

ぼくたちの会話を収録していたのですが、彼はこういったのです。

〈佐々木さん、お休みをとってますか？　ぼくは五十歳になったとき、一か月休みました。そのときは、携帯（電話）の電源もオフにしてました〉

それを聴いて、驚愕しました。ぼくにはできないと、降参しました。

ちょうど、店の改装で長期休業中でしたが、スケジュールはぎっしりでした。

〈いや、ぼくは走りつづけていないと、ダメなんです〉

こんなふうに返したら、小山さんが、ふふっと笑って、

〈歩いてください、佐々木さん〉

といってさらに、ことばをつなぎました。

〈歩くという字は、「止まるのが少ない」と書きます。走りつづけると、休みが必要になりますが、歩いたら、止まる時間が少なくていい〉

うまいことというな、と感心しました。そして、回遊魚のように走りつづけることしかできなかったぼくが、「歩く」ことを、意識するようになりました。ありがとうございます。

加藤和彦さんから教わったこと

ザ・フォーク・クルセダーズ、サディスティック・ミカ・バンドなど、日本の音楽シーンに革命を起こしたアーティストで、作曲家でプロデューサーの加藤和彦さんは、祇園さゝ木を気に入ってくださり、多いときは週に二回、食事にきてくださいました。

著書『加藤和彦ラスト・メッセージ』では、〈京都でよく行く店は、祇園さゝ木。日本では一番かな〉と、ほんまにありがたい言葉を遺していただきました。

加藤さんが初めて「祇園さゝ木」に来てくれはったのは、二軒目に転居したころで、フードコラムニストの門上武司さんのご紹介でした。いまから二十五年ぐらいまえと記憶しています。

二、三回めに来店された後、ぼくの携帯に長文のメッセージが届いたのです。まだスマートフォンのない時代です。

〈あなたの店のダメなところを全部書きます〉と、始まった文面には、辛辣なダメ出しが書いてありました。ぼくはそのとき、新幹線に乗っていました。

要約すると、こうです。

〈あなたのお店は家庭的なところがありすぎる。たとえば、トイレのマットは必要ないし、トイレットペーパーのカバーなんていらない。カウンターに座ったとき、上手に暖簾でかくしているつもりでしょうが、冷蔵ケースの中が見えました。ロッテのチョコレートのパッケージなんてナンセンス。お客さんは非日常を愉しみたいのに、家庭的なものが見えたら、絶対にダメです〉

さらに、こう続きました。

〈一流をめざすなら、安物は排除しなさい。シンプルでいいものを使いなさい。本物とはシンプルなもの。シンプルなものからしか、美は生まれない。あなたの料理は、味のベースは素晴らしいものを持っているし、面白いものをだそうとしている。それに対してぼくは感銘をうけた〉

ふだんは負けず嫌いなぼくですが、加藤和彦さんからのメッセージは、心に真っ直ぐに刺さりました。言いづらいことをズバッと、真正面から言われると、〈へえ、なるほどなぁ〉と、素直に受けとめられたのです。

たいがいのひとは、奥歯にものが挟まったように言わはるけれど、加藤さんはストレートです。いま、ぼくがミーティングや相談されたときに、若い子たちにきびしいことを伝えるときは、加藤さんのやり方でいきます。直球でズバッと伝え、必要なときはほかの子たちも集めて「みんな聞いとけよ」と共有します。

加藤さんとは、個人的に旅行したことがありました。伊豆に誘われて、東京駅で待ち合わせると、ツードアの白いロールス・ロイスが待っていました。山道を走っているとき、道をまちがえて、バックするときに後部をこすったりして。そんなこともありました。身長が百八十センチ以上で、英語もべらべら。とにかく恰好よかった。天才音楽家でいて、ほんまにスケールの大きなひとでした。

ワインにも精通していて、ワインの飲み方も桁外れ。たとえば、ムートン（・ロートシルト）を飲むと決めたら、収穫年ごとのヴィンテージを飲み比べるのです。値段とか稀少価値とか関係なく、どんどん開ける。それは、〈うまいものは、なんでも食べて、飲んでみないと上達しないから〉と。

そんな加藤さんは具が十種類入った祇園さゝ木特製の太巻きが大好きでした。〈毎日でも食べたい〉と、笑ってはりました。

二〇〇九年十月十七日、この日のことは忘れもしません。店のカウンターに座っていたら、携帯が鳴りました。出たら、加藤和彦さんのマネージャーさんでした。前日から消息不明だったところ、〈見つかりました〉と報告されて、訃報を知りました。軽井沢のホテルの客室で自死されていたのです。

「ええーっ」と大きな声を出したことを憶えています。

その後、十二月十日に加藤和彦さんを偲ぶお別れ会『KKミーティング』が、東京・高輪のザ・プリンスさくらタワー東京で開かれました。五百人の参列者が集まり、〈加藤和彦がこよなく愛した祇園さゝ木特製の太巻き〉をみなさまに食べてもらいました。

材料を用意して、ホテルの厨房で一五〇本分巻きました。

加藤さんはほんとうに料理が好きで、腕前もプロ級。自宅にプロ仕様のキッチンがあったそうです。フランス、イタリア、ニューヨークのレストランを食べ歩き、レストランガイド本を出版されたほど。底知れぬすごい舌の持ち主で、食べ手としても超一流でした。ありきたりではない、真に面白い料理を好まれました。

二〇二四年五月に映画『トノバン 音楽家 加藤和彦とその時代』が公開されました。この作品にぼくも、ほんの数十秒だけ出演させてもらいました。

もし加藤さんが生きていたら、食べてもらいたい料理を考えて、撮影していただきました。

ジャガイモのポタージュに鰻のかば焼きを合わせて、ピンクペッパーでアクセントをつける。加藤さんなら「面白いね！」と、喜んでくれたかな、と思います。どんなワインを合わせて、マリアージュを愉しんでくれたことか。

周到に用意してこの世界から旅立たれた加藤和彦さんは、年の離れた兄貴のような存在でした。もっといろんなことを教えてもらいたかった。もっとぼくの料理を食べてもらいたかった。

時がすぎるのは早いもので、あれから十五年。ぼくは加藤さんが亡くなった年齢に追いつきました。合掌。

矢沢永吉さんのステージが手本

多感な十二、三歳のころ、ステレオから聴こえてくる歌声にシビれ、著書『成りあがり』を貪るように読んで以来、半世紀たったいまも、矢沢永吉さんの大ファンです。

車を運転中、大音量で永ちゃんの曲を聴くのは、至福のとき。ライブツアーにも、毎年参戦します。仕事中、気持ちがのってくると、永ちゃんのナンバー『止まらないＨａ～Ｈａ』を口遊《ずさ》んでいます。

永ちゃんはことしの九月に、七十五歳になりますが、ステージに上がると、驚くほどパワフルです。長いステージの右端から左端まで、行ったり来たり。センターステージでとまっていません。それはひとりでも多くの、お客さんと視線を合わせるため、と思っております。

ぼくも夜の営業中は、ずっと動いています。八メートル五十センチあるカウンターの端から端まで。そのお手本は永ちゃんのステージ上でのパフォーマンスなのです。ファンへの細やかで、心のかよった気遣いが、勉強になります。

いま七十五歳の永ちゃんが観客のために、走りつづける姿には、感動するとともに、六十二歳のぼくが負けていられないと、鼓舞されるのです。

永ちゃんは、ステージ上から、観客ひとり一人と視線を合わせ、心を重ね合うように動きまわります。ぼくはカウンターまえに立って、ほかのお客さんと談笑しながらも、

〈お酒は足りてるかな、食事のペースはどうか、ペースが落ちていたら半分ずつだそうか、サイズをひと回り小さめにしようか〉

と、目を配り、頭をフル回転させます。その集中力たるや、二時間半でへとへとになるほど。

永ちゃんがステージをつづけるかぎり、ぼくも負けられない。借金完済予定の七十四歳までは、メインカウンターと離れのカウンター、二階の座敷へと、走りまわ

ります。

若いころは、矢沢永吉さんにぼくの渾身の料理を食べてもらいたいと夢見ていました。

いまは、永遠の憧れでいてほしいと、思い直しました。ステージ上で、一日も長く歌い、踊り、走りつづけてほしいと願います。

拝啓　矢沢永吉さま、ぼくの永遠のスーパースターでいて、耀きつづけてくださ い。どうかどうかお元気で。

敬具

第十四章

あの日のオムライスをもう一度食べたい

昔風のオムライス

子どものころから、オムライスが大好きです。チキンとピーマンと玉ねぎを炒めて、ケチャップ味の、昔ながらのオムライスが。初めて食べたのは、五、六歳のころやったでしょうか。そのころは、両親が旅館づとめで、家ではおばあちゃんがごはんをつくってくれてました。たまに職場をよばれると、決まって近所の食堂からオムライスを出前してくれた。おばあちゃんは洋食なんかつくれないので、出前のオムライスが、もう大ごちそうでした。ケチャップ味がどんなにおいしかったか。薄焼き卵で巻いてあって、スプーンですくって食べたら、ほんまに感動しました。

家に帰って、おばあちゃんに「オムライスつくって」とお願いしても、つくってもらえない。父と母の職場に行く日は、それは楽しみでした。正直なところ、おふくろに会うことよりも、オムライスが食べられるのがうれしかったぐらい。

おいしい記憶は、五十年以上たっても色褪せません。

うちの店は、ふだん十二歳以下の子どもさんはご遠慮いただいていますが、法事などでご親族が集うときは、ちいさなお客さんもいらっしゃいます。子ども用の特別メニューをリクエストされたら、特製のオムライスをつくります。ホールトマトを煮てトマトソースからこしらえます。子どもだからと、味なんかわからないと侮れません。子どもには、三つ星も連続満席も、まったく関係ないですから。おいしいか、おいしくないか。それはシビアですよ。口に入れた瞬間に「おいしい！」と感じてもらえるように、味のバランスを整えます。若い料理人にはまかせないで、ぼくがつくります。

〈ここの店のおっちゃんのつくるオムライス、うまいやん！〉

と思ってもらえたらうれしいし、あのころのぼくみたいに「おいしい」と笑顔になってもらいたい。そんな気持ちを込めて一所懸命つくります。料理人の視点でいうと、オムライスはトマトも鶏肉も旨味成分のかたまりなので、それはとびきりうまいに決まってます。

いまでもお昼どきに出かけて、メニューにオムライスがあったら、どんなにお腹がパンパンでも「誰か半分手伝って」とお願いしてでも、絶対にオムライスを食べます。

主治医がいて、年に何回か行く京都大学病院には食堂があります。ここのオムライスは、昔ながらのケチャップ味で、子どものころに食べたあのオムライスそっくり。オムライス大をたのんでスプーンですくうと、童心に返って顔がにやけてきます。

オムライスは、ほんまにおいしいなぁ。

茶碗蒸しは天才

子どものころ、六歳か七歳でした。親戚の集まりで和食のお膳をごちそうになりました。「この世にこんなおいしいもんがあったんか！」と仰天したのが、茶碗蒸しでした。お匙《さじ》ですくったら、澄んだだしとふるふるした卵が、口の中でほどける。なんて、おいしいんだろうと、めちゃくちゃ感動しました。

ぼくが子どものころには、電子レンジで温めるだけの茶碗蒸しなんて売っていなかったし、台所しごとをまかされていた祖母は、茶碗蒸しなんかつくったこともなかったのです。そのせいか、茶碗蒸しを初めて食べたときの感動は、大人になっても忘れられないものになりました。

子どものころ、どうにかして自分で茶碗蒸しをつくろうと「実験」しました。うちには蒸し缶がありません。子ども心に鍋に湯を張って、卵液を入れたうつわを並べました。ところが、できあがったものは、〝す〟が入ってプリンの三倍ぐらいの硬さでした。かちんこちんでとても食べられたもんじゃない。まさか、卵一個に対して何カップもだし汁を合わせても、固まるとは思いませんわな。

茶碗蒸しを最初に考えた人は、天才だと思います。昆布と鰹で挽いた一番だしをベースに、醤油とみりんで味を調えて、割りほぐした卵と合わせる。あとは鶏肉、海老やら、練りもの、椎茸、百合根など、具は旨味成分ばっかりです。蒸している間に、その旨味成分が卵とだしに溶けだしてくるのですから、いまから思えばそれはうまいに決まっています。茶碗蒸しの凄さに仰天したのは、料理人になってからでした。

ぼくは茶碗蒸しが大好きだから、祇園さゝ木でも、「玉〆め」はよく献立に出しています。玉〆めは、茶碗蒸しほどたくさんの具材は入れませんが、卵の生地を蒸し上げる手法は、同じです。

茶碗蒸しは、冷蔵庫に卵が一個しかないときでも、二、三人分のごちそうがつくれます。三章で紹介している一番だしの挽き方を憶えておいたら、あとは冷蔵庫の残り物の煮物やかまぼこ、鶏肉の切れはし、きのこや青菜があったらできます。

蒸しものの湯気は、食べる人を幸せな気持ちにさせます。

いまでも、休みの日にどこかに出かけて、なにを食べるか選ぶときは、茶碗蒸しがついていたら、それを選ぶ。それぐらい大好きです。

南瓜の煮っころがし

おばあちゃんがつくるごはんは、茶色っぽい煮物ばかり。子どもがたべたがるソーセージもハンバーグも買ってきてくれないし、同じおかずが三日続くことなんかざらにありました。

「また、南瓜か」とがっかりした声を出すと、

「一日めはきれいな角があったやろ、二日めは味が沁みてちょっとうまいし、三日めはごはんにどろどろかけてたべたらおいしい」と、返されがっくり。

食べざかりのときも、野菜の煮物が中心でした。そのぶん、白いごはんはたくさん食べました。瓶入りの海苔の佃煮をおかずにして、何杯もおかわりして。白飯はいまも好きです。主食はパンやパスタよりも、白いごはんが食べたくなります。

おばあちゃんが煮る南瓜には、花かつおがまとわりついていたから、かつおだし

は使っていたと思います。子どものころやから、味はあんまり憶えていませんが、それを鍋いっぱいに炊いてあって、三日間それぱっかりおかずに食べるのは、子どもにとっては、うれしくないです。

うちの家は、裕福ではない。いや、貧しい暮らし向きでした。洗濯機もなかったから、おばあちゃんは衣類を手で洗っていたし、肉や魚が食卓に上ることは、めったになかったと思います。

「一汁一菜」すら、うちの家では贅沢でした。味噌汁が食卓にのぼるのは、三回に一回。

湯呑もなくて、食べ終わったごはん茶碗にお茶を注いで飲んでいました。そのおかげで、いまも、味噌汁は半分ぐらいしか飲めません。食事中は、水分がなくても、のどがつまったりはしないのです。

そのぶん、ごはんは大好きです。

〈貧乏人はごはんで腹を膨らませ〉と、よく言われました。ごはんがないと、食べた気がしないのは子どものころの食生活が影響していると思います。

たとえば、パリに十日間行ったら、四日目ぐらいでラーメンとライスを食べておかないと。ごはんを食べて胃腸をリセットさせて、またフレンチを食べ歩くのです。日本でいても、朝はパン、昼にうどん、夜にフレンチとつづいたら、翌朝は絶対にごはん。ごはんで胃をほっこりさせないと、食欲が湧きません。

貧乏話をもう少しだけつづけます。子どものころ、友だちの誕生会によばれても、プレゼントを買うお金をくれなかったから、行けへんかった。ぼくの誕生日にはケーキもないし、おばあちゃんに野菜の煮物をだされたら、恥ずかしいから、誰も呼べなかったんですよ。

だから、たまに外食したり、月に二回ぐらい両親の職場に行って出前をとってもらったときのおいしい記憶は、大人になったいまも忘れられないのです。おばあちゃんの南瓜の煮物をまた食べたいかと、聞かれたら、あれはあれで懐かしいけれど。いまのぼくやったら、ひと晩寝かせてだしをたっぷり含ませて、南瓜のほっこりした甘みを誘いだします。根菜の煮物の話は、九章でゆっくりとさせてもらっていますわ。

ふかした卵

卵を割り、水と味の素と醤油を入れてかきまぜる。それを蒸かすだけ。このシンプルな卵料理は、ぼくがいまも憧れる音楽家、矢沢永吉さんの想い出のおかずです。永ちゃん（こう呼ばせてもらいます）のことを初めて知ったのは、中学生のころでした。

一九七〇年代半ば、フォークソングが全盛期で、ギターがどうしても欲しくて近所のお好み焼き屋でバイトしてやっと買えました。初めて手にしたアコースティックギターはグレコで、いまも忘れません、三万九千円でした。文化祭の舞台をめざして、井上陽水さんや吉田拓郎さんの曲のギターコードを練習して、バンドを組みました。

そんなとき、エレキギターで颯爽と舞台に上った同級生がいて、度肝を抜かれたことを憶えています。さっそく彼の家に遊びに行ったとき、キャロルのアルバムを聴かせてくれました。いまは幻のＬＰ盤レコード。永ちゃんの歌声を聴いたとき、シビれました。

しばらくして、矢沢さんの自伝『成りあがり』を読んだときは、めちゃくちゃ感動してしまい、その貧しい少年時代のエピソードと、自分の生い立ちを重ね合わせて、読み耽ったのは、昨日のことのよう。そのなかで、印象的だったのが卵のエピソード。おかずは毎日卵一個。来る日も来る日も卵を割りほぐして水を足し、味の素と醬油で味をつけて蒸かして、丼二杯の白いメシをかきこんだという文章を何回も頭の中で反芻しました。

それが誕生日だけ、卵が二個になる。ああ、ぼくの子どものころとよく似ている。まるでぼくのことみたいだと、憧れと現実がない交ぜになって親近感をおぼえ、永ちゃんが大好きになりました。

永ちゃんも白いごはんが大好きだそう。七十五歳になったいまも、ステージに立てる活力は、白いごはんのチカラだとぼくは思います。ぼくも六十二歳になりましたが、ごはんはたくさん食べます。ごはんを食べないとすぐに腹がすくし、食べた気がしないから。

どのぐらい永ちゃんが好きかというと、年に一回、ホテルの会場を借りて、祇園さゝ木のフルコースと、ぼくらのバンドの歌を聴いてもらうディナーショーを開催しています。そのときに、歌うのはもちろん永ちゃんの往年のナンバー。七百人ものお客さんがきてくださるのは、感謝の気持ちでいっぱいです。大人の遊びは、本気でやらないとつまらないと思って、全力でステージに上がり、歌って、お客さんに愉しんでいただきます。

永ちゃんにはなれないけれど、ちょっとだけ近づけたかな、と、うぬぼれています（笑）。

焼きめしが人生を決めた

おばあちゃんが亡くなり、中学生になったころからは、ぼくはかぎっ子でした。学校から家に帰っても、誰も待っている家族がいないので、自然とやんちゃな友だちがうちに集まるようになりました。高校入学時に両親が独立して自分たちの店を始めることになって、父の生家がある滋賀県蒲生郡日野町に転居しました。入試で初めて行った高校なのに、舐められたらあかんと、トイレでケンカをしてしまい、ひと悶着ありました。それでも、合格して高校生活が始まったのです。

キャロルや永ちゃんが好きな友だちと、音楽を聴いたり、バイクに乗ったりし、学校帰りには、ぼくの家がみんなの溜まり場でした。勉強は小学校高学年になるころには、すっかり興味を持てなくなってしまい、それまでのパイロットになりたいな、というほのかな夢も、こんな成績じゃ無理やと、あっさりあきらめました。高校生になったぼくは、将来の夢も希望も、目標もなくて、毎日が楽しかったらええか、と怠惰にすごしていました。

それがいつものように、ツレ（友だち）がお腹が空いたというから、冷蔵庫の残りものでちゃちゃっと焼きめしをつくってあげたのです。チャーハンともいいますが、あのころは焼きめしでした。

具はソーセージやハム、玉葱、葱、ピーマン。鶏肉があれば鶏肉。冷蔵庫の残りものをさらえ（すべて使い）ました。それを食べたツレが、「めっちゃうまいな、あぁ、うまいわ」と、ほんとうにおいしそうに食べるのです。そのときの笑顔がほんまに忘れられなくて……。

勉強もできないし、部活もやっていない。なんの取柄もないぼくが、ひとを笑顔にできるのは、料理かもしれない。そのとき、閃いたのです、「料理人になろう。料理で勝負しよう」と。高校二年でした。うちは父親も祖父も、親戚も料理人の家系でした。盆も暮れも忙しくて休めないのを知っていたので、料理人にだけはなるまいと思っていたのに、ツレの笑顔がぼくの歩む道を、決めてくれたんです。

きざんだ野菜とハムや肉を炒めて、ごはんと一緒に煽る。しっかりと焼き色をつける焼きめし。香ばしくて、口いっぱいにほおばると、ツレの思いっきり笑う顔が、目に浮かびます。

あのとき、「おいしい！」いうてくれて、笑顔をみせてくれて、ほんまにおおきに。

〆として

〈あなたの料理哲学を本にしたい〉

と、声をかけられたのは、秋が深まったころでした。

「え、そんな、たいそうなことを言われても……」と、戸惑っていると、

〈読んでいくうちに、お腹がすいて、よだれがでるような本にしましょう〉

こんなふうに口説かれて、引き受けることにしました。

それにしても、ぼくの料理哲学ってなんだろう。そんなものあったかな。

なかなか答えが見つかりませんでした。

師走に入ってすぐ、十二月四日のことでした。建仁寺の大茶会の最終日で、うちが料理をまかされていました。そこに、母の入院先から容態が急変したと報せがあり、妻と娘がかけつけました。大茶会の準備をするなか、何度も何度も妻から「早う、来て」と連絡が入りますが、大茶会を抜けるわけにはいきません。ようやく午後の会を終え、お客さんを見送ったあと、母のもとに急ぎました。ずっとぼくを待っていてくれたのでしょう。着いてから十分ぐらいして静かに息をひきとりました。

母が生きているうちは病院に行ったらいつでも会えると、日々の忙しさにかまけてなかなか会いに行けなかった。それが、おかしなもので亡くなってからは、毎日仏前に会いに行っています。母は晩年、認知症が進行してぼくのことも、家族のこともわからなくなりました。母は、息子のぼくがいうのもなんですが別嬪でした。若いころ、ノースリーブのワンピースかブラウスを着た写真があって、グラマーでスタイルも抜群、ええ女でした。

日本一の、いや、世界一のおふくろでした。

母とのいちばんの想い出は、小学一、二年生のころ。仕事が休みで家に帰ってくるのを塀の上によじ登って待っていました。母のことが大好きですし、一人の女性としても憧れの存在でした。ひと目でも早く会いたかった。そんな母にひとつ、親孝行の真似事ができたのは、いまの店に転居して、親戚を招いてお披露目をしたときのこと。親戚たちに「あんた、すごい人、産まはったね」と褒められても、ただ恥ずかしそうに笑っていた。父に理不尽なことをされても、自分の腹にだけおさめていた。そんな母でした。

いわゆるおふくろの味は、ぼくにはありません。あるとしたら、本文に書いたケチャップライスを薄焼き卵で包んだオムライス。出前でとってもらいました。


料理の哲学とはなにか。その答えになるかわかりませんが、

〈食材の大切な命を預かり、食べる人の命に幸せを吹き込むこと〉

〈料理は人と人をつなぐもの〉

ではないか、と朧《おぼろ》げに考えました。何年か経つと、また哲学は変わるかも、ですが。

ただ空腹を満たし、栄養バランスさえ整っていたら、それでいいわけではない。

それを教えてくれたのは、ぼくの店にきてくれたお客さん、ただのやんちゃな男に料理とはなにかを叩きこんでくれた本道師匠、そして菊乃井ご主人、村田吉弘さん。

ぼくといっしょに働いてくれた弟子たち。独立した子もいれば、いまも一緒に働いてくれている子たち、ひとりひとりです。妻で女将の太津子は、こんな破天荒な男についてきて、ともに働いてくれました。

長女の結花、二女の志歩、三女の実夢、三人の娘たちにも教えられることばかり。

被災地で出会い、炊き出しの豚汁やカレーを食べてくれたひとたちにも、料理のチカラを教わりました。コロナ禍では食事もとれないほど懸命に感染症と闘った医療従事者のひとたちには、お弁当を通じて、料理人の使命を教えていただきました。

みんなに、ありがとうといわせてください。

そして、ぼくを産んで育ててくれた母、光子には、心からのありがとうと空からみまもっていてくださいと、ここに書くことをお赦しください。

この本を読んで、料理ってええな、もっと知りたいな、と思ってくださったら、こんなにうれしいことはありません。

料理とは何か、ひとりの料理人としてどうしたら、誰かの役に立てるのか、これからも探していきたいと思います。

二〇二四年　立秋の夜に

「祇園さゝ木」主人
佐々木 浩

佐々木 浩
Hiroshi Sasaki

「祇園さゝ木」店主。二〇一九年、『ミシュランガイド京都・大阪』で三つ星を獲得、五年連続更新中。「予約困難店」として名を馳せる。一九六一年、奈良県生まれ。祖父、父が料理人という環境で育ち、高校卒業後に料理人の道へ。滋賀県の料理旅館を皮切りに複数店で修業し、二十七歳で京都・先斗町の割烹「ふじ田」料理長に就任。一九九七年、三十六歳で独立し、祇園町北側に「祇園さゝ木」を開店。その後、移転に伴い店舗の規模を広げ、二〇〇六年、八坂通りにおよそ百坪の古い一軒家を購入。一年がかりで改築し、連日「予約困難店」として満席を続ける。「若手の才能を開花させ、育てる店づくりを」と再度大改装を施し、二〇二三年八月、リニューアルオープンした。

「祇園さゝ木」

京都市東山区八坂通り小松町 566-27
075-551-5000
https://www.instagram.com/gionsasaki_kyoto/

祇園
さゝ木

本書は書き下ろしです。

孤《こ》高《こう》の料《りょう》理《り》人《にん》　京《きょう》料《りょう》理《り》の革《かく》命《めい》

二〇二四年一〇月一七日　第一刷発行

著者　佐々木浩

発行者　櫻井秀勲

発行所　きずな出版
東京都新宿区白銀町1－13　〒162－0816
電話　03－3260－0391
振替　00160－2－633551
https://www.kizuna-pub.jp/

ブックデザイン　國枝達也

印刷・製本　モリモト印刷

ISBN978-4-86663-242-1

きずな出版